供应链
管理视角下的
现代物流研究

刘徐方◎著

中国水利水电出版社
www.waterpub.com.cn

内 容 提 要

物流与供应链作为现代企业运营过程中重要的管理环节,能够对企业未来的生存与发展产生直接的影响。本书在结合当今社会整体经济发展情况的基础上,进一步强调了现代企业供应链物流规划与管理的重要性。而为了提高全书的现代性和实用性,全书采用了深入浅出的方式,全面阐述了物流以及供应链管理的相关内容。同时,本书还通过探究供应链物流管理模式及其绩效评估,来提高全书的创新性。

图书在版编目(CIP)数据

供应链管理视角下的现代物流研究 / 刘徐方著. --
北京 : 中国水利水电出版社,2015.6(2022.9重印)
ISBN 978-7-5170-3365-3

Ⅰ. ①供… Ⅱ. ①刘… Ⅲ. ①物流－物资管理－研究
Ⅳ. ①F252

中国版本图书馆CIP数据核字(2015)第160484号

策划编辑:杨庆川　责任编辑:陈　洁　封面设计:崔　蕾

书　　名	供应链管理视角下的现代物流研究
作　　者	刘徐方　著
出版发行	中国水利水电出版社
	(北京市海淀区玉渊潭南路1号D座 100038)
	网址:www.waterpub.com.cn
	E-mail:mchannel@263.net(万水)
	sales@mwr.gov.cn
	电话:(010)68545888(营销中心)、82562819(万水)
经　　售	北京科水图书销售有限公司
	电话:(010)63202643、68545874
	全国各地新华书店和相关出版物销售网点
排　　版	北京厚诚则铭印刷科技有限公司
印　　刷	天津光之彩印刷有限公司
规　　格	170mm×240mm　16开本　14印张　181千字
版　　次	2015年11月第1版　2022年9月第2次印刷
印　　数	0001—2000册
定　　价	42.00元

前　言

随着市场经济的不断发展,企业之间的竞争越来越激烈,在不断的竞争中,企业生产效率和生产成本的优化已经到达了一个瓶颈。为了更好地提升自身的竞争力,企业纷纷将精力转向物流的开发和运营中,希望通过提升物流质量和服务水平,来获取竞争优势。因此,基于一体化的供应链管理思想越来越明确地成为企业管理发展的一个新方向。

企业物流管理与供应链管理,这两门不同的学科在这样的背景下不断发展融合,形成了一个新的研究领域,即供应链管理物流。具体来说,就是通过对供应链管理的研究和分析,规划出最适合企业发展的物流发展策略,保持同供应链上其他企业的良好关系,以此实现企业的经营目标。

本书共分六章,第一章是供应链管理与物流系统规划,包括供应链、供应链管理、物流网络规划与管理等;第二章对供应链管理采购方面的内容进行了研究,主要内容有供应链采购成本控制、供应商选择以及供应链采购绩效评估与激励;第三章是供应链管理与物流库存的相关内容,主要对库存控制及其存在的问题和供应链管理策略进行了探究;第四章是供应链物流配送的相关内容,对配送作业流程,配送系统规划以及配送成本等问题进行了研究;第五章是供应链物流绩效评价与激励的相关内容,包括评价的意义、原则、指标等;第六章对当前信息化时代的供应链物流进行了分析,包括新兴信息技术以及它们在供应链管理中的应用。

本书在写作过程中,主要体现出以下几方面的特点。

首先,本书具有现代性。供应链和物流都是当下企业生存发展过程中最重要的管理内容。同时，加强供应链物流的规划和管理，也有助于当今社会整体经济的发展。

其次，本书具有实用性。本书在写作过程中，并没有使用过多的难以理解的专业词汇，而是以深入浅出的方式介绍了物流以及供应链管理的相关内容，力求每一位读者都能独立理解书中的内容。

再次，本书还具有一定的创新性。在物流和供应链越来越成为世界经济关注的焦点的今天，供应链物流管理模式及其绩效评估也成为了物流领域中新的研究内容，本书在这方面有所涉及。

在本书的写作过程中，参考了很多中外专家的研究成果和论文资料，在此向这些专家和学者表示衷心的感谢。当然，由于时间和能力的限制，本书在写作过程中仍然不可避免地存在一些不足之处，还请广大读者批评指正。

作　者

2015 年 4 月

目　录

第一章 供应链管理与物流系统规划

新世纪以来伴随着世界经济的快速发展和经济全球化的浪潮,加上科技的有效推动,人们逐渐意识到 21 世纪的市场竞争重点是在供应链上。鉴于此对于供应链的管理自然十分重要。供应链管理作为一种科学的、与时俱进的管理技术,正越来越受到世界各国政府、企业和学术界的重视。越来越多的企业管理人员看到了供应链管理对于企业的生存乃至发展的重要作用,在日常经营之中逐渐开始学习并运用供应链管理为企业创造价值。

第一节 供应链及其管理

一、供应链的基本概述

(一)供应链的概念

供应链是一个复杂的网络系统,涵盖人类生产活动和整个经济活动。人类的各种必需品都要经历从最初的原材料采购或生产、原材料加工、仓储物流、零售到最终消费这一过程。近年来供应链的范围逐渐扩大,将产品的回收和退货(反向物流)也纳入这一过程。

以生产制造企业为例,供应链是将企业的生产活动进行了一定的前伸和后延。其中向前延伸是将生产活动向前延伸至供应商的甄别以及原材料的采购阶段;后延是指将生产活动向后延伸至产品的销售和售后服务阶段。因此,供应链包括在产品到达顾客手中之前所有参与原材料供应、产品生产加工、仓储物流、销售及售后的公司和企业,所以其定义涵盖面很广,具体包括:上游的供应者(供应活动)、中间的生产者(制造活动)和物流商(储存运输活动),以及下游的分销商(分销活动),它们在整条供应链上是同等的重要,在管理的过程之中必须引起同等重视。

一直以来对于供应链的具体概念国内外的学者并没有达成统一的认识。本书的作者倾向于采用《中华人民共和国国家标准物流术语》(简称《物流术语》)的定义来定义供应链。2006年,修订后的《物流术语》(GB/T18354—2006)对供应链的定义是:"生产及流通过程中,涉及将产品或服务提供给最终客户的上游或下游组织,所形成的网链结构。"

(二)供应链的特征

供应链是一个十分复杂的网链结构,由很多个企业组成,我们将处在供应链上的每一个企业看成是供应链上的一个节点,相互间的节点企业之间构成了供给与需求的关系。一般来说,供应链系统主要具有以下特征。

1.复杂性

供应链的构成要素是围绕最终产品的各种类型的企业,这些不同类型的企业使得供应链也十分复杂,增加了管理供应链的难度。

2.动态性

在21世纪的激烈竞争之中,为了更好地生存与发展,企业战略和企业的经营模式会有一定程度的调整以适应不断变化的市场需求,这使得企业管理供应链的方式和方法始终处于不断变化之中,供应链也始终处于不断变化和完善之中。

3.响应性

供应链的产生以及之后因为需要而重组都是基于最终的市场需求而发生的。在供应链的实际运作过程中,快速响应用户的需求制造出适合的产品是供应链正常高效运作的保证。

4.交叉性

随着经济全球化和信息化的发展,企业之间的交流也逐渐地增多,在一个供应链上的节点企业并不一定只属于这个供应链,有可能属于多个不同的供应链,这样在不同的供应链的交错之下最终形成一张巨型网状结构。显然供应链的交叉性也是供应链的管理十分困难的原因之一。

5.系统性

供应链涉及众多的企业,这些企业构成了一个不可分割的网状系统。所有的这些企业为了一个最终的目标——获得生存和发展——而共同努力。在整条供应链上任何一个企业出现问题在一段时间之内都会影响到其他的企业。我们看待一个供应链的时候也应该将其放在整个供应链之中进行考察。

由此可见,供应链是一个十分复杂的大系统,必须认清不同情况下供应链系统的特征,才能有目的地选择适合本企业的运作模式和有针对性地选择最适宜的供应链管理策略。

(三)供应链的基本类型

站在不同的角度来看供应链,可以将供应链划分为不同的类型,每种类型都有其自身的特点。

1.稳定的供应链和变动的供应链

供应链的存在首先是为了满足不同的市场需求。根据环境的要素的多少和环境要素的变动情况可以将市场划分为两种基本的类型:简单性市场和复杂性市场。供应链是始终处在一定的市场环境之中的,依托于环境而生存。根据供应链处在的市场环境化,可以将供应链划分为稳定的供应链和变动的供应链。处在简单市场环境之中的供应链因为市场的相对较稳定而使得自身也较稳定。相反处在复杂的市场环境下的供应链因为其要不断适应环境的变化而始终处在不断的变化调整之中,我们称这种供应链为动态的供应链。当然随着市场竞争的加剧,动态的供应链也将逐渐地成为主流的供应链。

2.平衡的供应链和失衡的供应链

根据供应链上企业的各种能力(主要是生产能力、供货能力)与用户需求之间的关系可以将供应链划分为平衡的供应链和失衡的供应链。每一个供应链在一定时期(相对稳定的生产技术和管理水平)其能力是相对稳定的。当供应链的各种能力能满足用户需求时,供应链处于平衡状态,各项技术经济指标可以达到比较好的状态;而当市场需求变化加剧,供应链企业在非最优状态下运作,则会造成供应链成本增加、库存增加、浪费增加等现象,则供应链此时就是失衡的。

在供应链的管理之中,每个供应链都在积极的追求平衡,因为只有平衡的供应链才可以实现各节点企业的主要职能,而失衡的供应链则会使这些职能及其绩效水平恶化,达不到供应链上企业的直接目标——获得经济效益。

3.有效性供应链和反应性供应链

依据供应链的功能——物理功能和市场中介功能——可以将供应链划分为有效性供应链和反应性供应链。当供应链主要表现物理功能的时候,即以最低的成本将原材料转化成零部件、半成品、产品在厂家之间运输加工,其就是有效性供应链;而当供应链主要体现出市场的中介功能时,即对消费者市场进行透彻的分析与研究(包括产品的需求预测、消费者结构研究等),把最终的产品快速分配到满足用户需求的市场,其就是反应性供应链。

(四)供应链的流程和主要活动

1. 供应链的流程

供应链在实际的运作过程之中是十分复杂的,但是仔细观察会发现四个基本的流程:实物流通、商业流通、信息流通、资金流通。而且四个流程有各自不同的功能和方向。

(1)物资流通

物资流通的流程其实质就是实体货物的流通过程。该流程的方向是随着产品的流通方向,由原材料经由生产加工、仓储运输到最终被消耗。一直以来企业的各种理论都是围绕实物产品展开的,因此对于这种理论的研究在现代依旧有其价值。

(2)商业流通

这个流程其实质就是商业交易的流通过程,根据其在供应商与消费者之间的双向流动方向来看具体包括接受买家订货、双方签订合同、销售商品等商业流程。目前随着信息化的发展与运用,商业流通形式也是越来越趋于多元化:既有传统的商业流通方式,又有近年发展十分迅速的运用互联网的商业流通。

(3)信息流通

近年来随着商业交易的频繁化发展,获得一条及时有用的商业信息甚至直接决定了一个企业是否能够生存下去。对于信息流通流程的研究也是一波接着一波。目前,整个商业已形成的共识是:要建立一个完善的在供货商与消费者之间双向流动的供应链管理机制是商业运营成功的关键。当然在现实生活之中,完备的信息流通体系在计算机的快速发展之下已经逐渐成为可能。我们也应该顺应时代的潮流牢牢抓住信息的流通,寻找到对自己有用的信息。

(4)资金流通

不论是在物资流通、商业流通还是在信息流通的过程之中都会涉及资金的流通过程。资金作为供应链运转的"血液"直接决定了供应链的生命。为了保障企业的正常运作,必须确保资金的及时回收以及资金的有效利用。该流程的方向从总体上来看也是双向的。虽然本书将资金流通独立于其他三个流通过程,但是资金流通是其他三个流通过程的结果,只有正确把握其他三个流通过程,才可能保障资金流通畅通无阻。

具体的四个流程参见如图 1-1 所示。

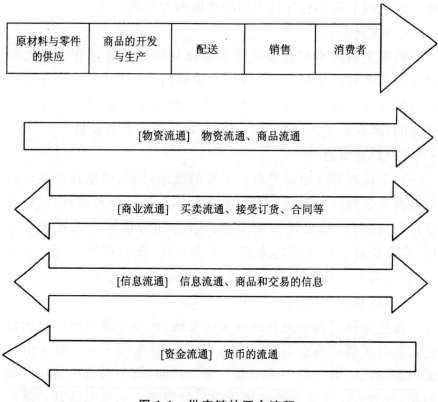

图 1-1　供应链的四个流程

2.供应链的主要活动

根据《物流术语》之中有关供应链的概念,供应链的活动主要包括原材料采购、生产厂家的加工生产、物流仓储企业的运输流通,批发零售企业的批发零售以及售后服务。因此供应链的内容从大的方面来看也涵盖了生产理论、物流理论和营销理论等三大理论。供应链的主要活动包括：

（1）生产理论——商品的研发和生产

①实际在工厂生产前的概念产品的研发设计，并最终确定产品的功能作用以及外观等具体方面。

②生产之初的市场需求预测、企业自身的能力情况的核实与计划、生产进度计划安排等。

③实际生产过程之中的商品生产进度、财务和质量等方面的控制管理。

（2）物流理论——商品的配送

①确保销售途径的最优化，节省企业的运输成本。

②按时按需按要求配送，提高企业的信誉。

（3）营销理论——商品的销售和售后服务

①商品的及时销售与促销。

②及时的销售数据和销售额的管理，找出问题，确定活动方针，存档以供以后使用。

③提供完善的售后服务。售后作为销售商品的最后一环应予以重视。

二、供应链管理基础理论

（一）供应链管理的产生及发展

企业之间的发展首先经过了"纵向一体化"的历程，即向前发展经销商和零售商，向后发展供应商，在"纵向一体化"管理模式下企业是出于对制造资源、生产过程和销售过程的直接或者是间接的有效控制。随着时代和技术的进步，人们在日常的经营之中逐渐发现了纵向一体化的诸多不足之处，从 20 世纪 80 年代后期开始，国际上越来越多的企业将"横向一体化"取代了"纵向一体化"。"横向一体化"是指企业在牢牢抓住自身核心竞争力的前提下充分利用外部资源快速响应市场需求。这样做的目的是在保证自身优势的前提下使其他企业的资源为自己所使用,从而避免自己投资太多的项目带来市场反应慢、资金投入大等问题,进而为赢得市场获得利益奠定了基础。在"横向一体化"的基础上逐渐发展形成了一条从供应商到制造商再到分销商的贯穿所有企业的"链"——供应链。只有当这条链上的节点企业相互合作、相互支持才有可能使链上的所有企业获得利益。于是就不得不以核心企业为基础对供应链上的节点企业进行有效的管理——供应链管理。供应链管理已经成为当代国际上最有影响力的一种企业间的运作模式。总的来说,运作管理模式的变化如图1-2所示。

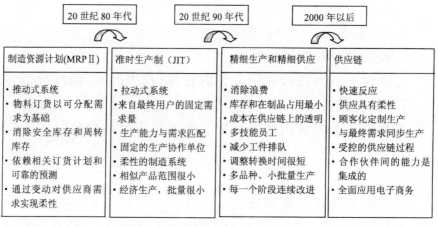

图1-2 企业运作管理模式的变化

供应链管理利用现代信息技术,与上游和下游企业建立合作关系大大提高了企业的竞争力。供应链管理是一种系统管理思想和方法,将处在供应链上的企业看作一个整体的有机系统加以控制和管理,它包含了从供应商到客户的全部管理过程,供应链管理强调在核心企业的基础上与合适的企业建立牢靠的合作伙伴关系,通过这些企业完成本应该自己需要完成的一部分业务工作(一般是非核心业务工作),自己则集中自己的能力和各种资源,做好比竞争对手更擅长的关键性业务,这样不仅可以提高本企业的竞争能力和减少企业的成本,也能使供应链上的其他伙伴受益。显然,这种竞争优势来源于整个供应链的综合能力。

供应链管理概念的出现及其应用虽然只有几十年的时间,但供应链管理的理论和实践因为其不可忽视的价值而得到了快速的发展,供应链管理的发展一般可以分为以下四个阶段。

1. 第一阶段:萌芽阶段

20 世纪 60 年代到 70 年代是供应链发展的第一阶段。在这一阶段,供应链管理还只处于萌芽状态,供应链(也许还只能称之为业务链),链上的每个成员的管理理念基本上都是"为了生产而管理",当然这与当时的社会环境是分不开的,在当时物资匮乏(供应小于需求)的情况下,市场处于卖方市场,企业不用担心企业自身的产品是否能够卖出去,企业所关心的是如何增加企业的产量。企业之间的竞争主要是产品在数量上的竞争,企业间的业务合作是以企业自身利益为重点的合作。甚至在企业内部,其合作也是仅仅站在本部门的角度进行的一种合作,这种合作缺乏有效的交流与沟通,大家都各自为政很少为别人着想。此时,供应链上各成员之间的合作关系极为松散,处在这一时期的供应链上成员之间时常存在利益冲突,阻碍了供应链的发展,从大的方面来看阻碍了社会经济的发展。

2. 第二阶段:初级阶段

供应链发展的第二个阶段是从 20 世纪 80 年代初到 90 年代初。在这一阶段,供应链管理开始逐渐发展。处在这一阶段时期在理论研究界的不断探索研究下,供应链管理的理念已经基本形成,并在理论的指导下进行初步的实践。

然而在这一阶段企业的竞争重点依旧是追求生产效率和产品质量。当然这与此时的市场环境依旧是处于卖方市场有着很大的关系。但是在这一阶段企业的组织结构和内部职能开始发生变化,大多数企业开始进行企业组织机构的精简和改革,并开始从部门化和职能化组织结构转为团队式组织结构;企业已认识到有部分很大的利润可以来自于本企业的外部;企业间的业务运作方式也随着通信技术的发展而不断改变,变得更有效率更加安全,这些改变使业务链上的上下游企业在市场竞争的驱使下逐渐向供应链运作方式演变。这些都促使供应链管理概念在理念上逐渐形成。

3.第三阶段:形成阶段

供应链发展的第三阶段大致是从 20 世纪 90 年代初到 20 世纪末,发展最快的时间是 20 世纪 90 年代的中后期。在这一阶段发生的工业化的普及、全面质量管理的实施和贯彻等使得生产率和产品质量不再成为竞争中的绝对优势,企业追求的不仅仅只是产品的质量和数量,而开始转向市场和目标客户,更加注重在全球范围内利用一切资源。

随着管理技术和信息技术的继续向前发展,供应链业务运作也不断地发展和成熟,此时的企业逐渐开始将目光投向企业外面以此寻求巨大的利润,许多的跨职能部门、供应链成员开始不一样的相互协调、相互合作,制定相关联的最佳销售和运营计划。

4.第四阶段:成熟和全面发展阶段

21 世纪初期至今是供应链管理发展的最新阶段。进入 21 世纪后,互联网的作用已是越来越明显,特别是在发达国家,企业的经营运作管理已经越来越离不开互联网了。互联网的高效运用彻底地改变了供应链上原有的物流、商流、信息流、资金流的交互方式和实现手段甚至是全球商务的局面,使企业能够充分利用资源发展自身的竞争优势、提高效率、降低成本、提高产品和服务质量。

该阶段供应链管理的核心任务可以归纳为:

(1)供应链运作的系统化管理。将供应链看作是一个完整的系统加以管理。

（2）生产两端的资源优化管理。对于制造企业来说生产的原材料以及成品和半成品的销售是十分重要的。

（3）不确定性需求的信息共享管理。加强供应链上各个企业对于市场需求的预测与管理，加强供应链上的各个节点企业之间的信息交流与共享。

（4）快速的决策管理。21世纪的市场拥有太多的不确定的因素，顾客的需求始终是不断变化着的，企业在制定各项决策和计划的时候必须足够快速以便能够及时地抓住机会。

这一时期供应链管理在计划和决策上对于预测和控制能力特别重视。供应链上的预测和可控性使得供应链上的企业能够合理确定供应链上业务的优先顺序，优化定位所需的资源，对管理目标给出应对策略，考虑可能的资源替代并衡量风险，以使整个供应链都取得理想的目标效益。

在我国，目前供应链管理尚处于起步阶段远远落后于一些发达国家，虽然有些少数大型企业已经实施了供应链管理，但真正带动起整个产业的供应链以实现整条供应链的协同运作还有待时日，但我们相信在不远的将来经过我们的共同努力，供应链管理将在我国生根发芽、开花结果，为我国的企业和产业的发展作出应有的贡献。

（二）供应链管理的概念、内容和特征

1. 供应链管理的概念

学术界一直以来没有达成对于供应链管理定义的共识，不同的学者从不同的角度去定义供应链管理使得供应链管理的概念呈现出一种"多角度多定义"的局面。本书的作者在考查了各种版本的定义之后，综合各种观点认为供应链管理是一种集成的管理思想和方法，其功能是对供应链中从供应商到最终用户的各个节点进行协调、管理和控制，尽量做到链上企业的资源共享和信息共享，其目的是使商品（或服务）以正确的数量在正确的时间和

地点交给最终需要的用户,以最小的系统成本使得顾客获得最大的顾客满意度并使链上的各企业获得最大的经济效益。

供应链管理实际上是一种基于"合作竞争—互赢"的机制,以分布企业集成合作为保证新的企业间的运作模式。供应链管理是为了实现其最终目标,即市场目标(满足社会需求)、社会目标(满足社会要求)、经济目标(创造社会和企业的最佳利益)和环境目标(保持生态稳定)的统一。

2.供应链管理的主要内容

供应链管理涉及供应链的物流、商业流、信息流、资金流。供应链管理是以同步化、系统化为指导,以管理技术、信息技术等技术手段为支持,以互联网为依托,围绕原料采购供应、生产制造、物流仓储和销售售后这一流程来实施。供应链管理的职能因其管理的性质包括:计划、组织、领导、控制。供应链管理的直接目标在于提高顾客满意度和降低总的交易成本以期使链上的成员获得利益,尽管在实际的运作过程之中我们发现这两个目标之间会存在冲突——效益背反,但是这两个目标是供应链上的各个成员一直不懈追求的最终目标。

供应链管理还包括以下主要内容。

(1)客户对于最终产品需求预测和计划,然后层层往前推,预测和估计链上各个成员的原料需要量。

(2)供应链上的成员的选择以及供应链上的成员间的合作伙伴关系管理以便维持供应链上的各个成员之间的良好关系。

(3)企业内部与企业之间物料供应与需求管理。这是十分重要也是十分困难的,需要做到企业之间的信息共享,然而信息是每个企业十分重要的资源,每个企业都希望自己的核心信息能够得到保密。

(4)链上成员的产品设计和制造管理。

(5)供应链上的物流(运输、仓储、包装等)管理。

(6)供应链上成员的资金流(融资、汇率、成本等问题)、信息流的管理。

3.供应链管理的特征

供应链管理作为一种新兴的管理方式主要具有以下特征。

(1)以用户需求为动力。供应链的形成、存在、重构等都是以用户需求为导向的,用户需求拉动供应链中物流、商流、信息流和资金流的运作。

(2)增值。对于供应链进行管理的首要目标就是使得链上的企业获得利润,当然这一利润的来源本质上是企业的最初的产品在链上经过加工流转之后增加的价值。供应链中的各个成员企业无论从事什么样的活动,其对产品转换过程的价值增值必须大于成本。否则供应链上的企业是无法继续生存和发展的,当然也无法满足供应链管理的目的。

(3)合作。传统的企业与企业之间的关系是一种相对简单和短暂的"买—卖"关系,各方以自我企业为中心具有明显的对立性,建立的合作关系也是一种不牢固的合作而有可能随时发生变化。但是供应链合作关系可以定义为:为了实现各自的优势和共同获得利润而建立起来的相互依赖的稳定的合作关系。在这种合作关系之下,大家相互交流与沟通,实现信息共享、共担风险、共同获利。基于这种合作的供应链,成员企业之间可以大大降低交易和管理成本以及风险而获得更多的利润。

(三)供应链管理的发展趋势和面临的问题

1.供应链管理的发展趋势

供应链管理是迄今为止企业物流发展的最高形式。虽然供应链管理非常复杂,但众多企业已经在供应链管理的实践摸索之中获得了丰富的经验并取得了显著的成效。但是对于供应链管理的研究不仅要注重其过去的发展,也要注重其未来的发展趋势,这样有利于我们以后对于供应链进行与时俱进的管理。

（1）更加注重运作效率

效率体现在公司对于时间和速度即对于企业竞争力的重视。在供应链环境下，时间和速度已被看作是企业获得竞争力的主要来源之一，任何一个环节的拖沓往往会影响整个供应链的运转。供应链中的各个企业通过各种手段实现它们之间物流、信息流、商业流、资金流的紧密连接，以达到对最终客户要求的快速响应从而提高供应链整体竞争水平。

（2）更加注重各个环节的质量与企业存货

供应链管理涉及许多环节而且每个环节环环紧扣。任何一个环节的好坏，就将直接影响其他的环节。注重各个环节的质量与企业存货一方面在于时下越来越多的企业信奉物流质量创新正在演变为一种提高供应链绩效的强大力量；另一方面，制造商、供应商、销售商等越来越关心它的存货数量。改进存货数量不仅仅是注重减少企业内部仓库的存货，更重要的是减少供应链渠道中的存货。

（3）更加注重组织的有效性

供应链上节点企业的成员类型及数量是引发供应链管理复杂性的直接原因。为了高效管理供应链，也为了在全球范围内提供统一的标准服务，更好地显示出全球供应链管理的整体优势，越来越多的企业逐步实行了减少物流供应商的数量，并对自身的组织也进行改组以适应大环境的举措。

（4）更加注重顾客在消费的过程之中获得的满意度

越来越多的供应链成员开始真正地重视客户满意度（当然这与现在正处在买方市场的环境是分不开的）。传统的量度是以交货速度、产出率等指标来衡量的，而目前将客户的满意度放在首位。客户满意度的重点就是重视与物流公司的关系，并把物流公司看成是提供高顾客满意度的重要来源之一。

2.供应链管理面临的问题

随着对于供应链理论研究的不断深入以及在实际上的不断

的运用,逐渐发现了供应链的系统支持与协调控制方法的问题、供应链中的信任机制的问题、供应链成员中的不确定问题、供应链的全球化趋势的问题等以及由此带来的二次问题。

供应链管理十分复杂,涉及众多企业,牵扯到每个企业的众多方面,因此实施供应链管理必须确保思路清晰、主次分明。具体地说,在实施供应链管理中需要注意的关键问题主要有如下几个。

(1)供应商的建立与重组

供货商的建立是指渠道商选择相对稳定的供货商并与其建立合作关系。供货商的重组是指当原有的供需模式发生改变或外在条件发生变化时引起对配送网络进行的调整,重新寻找和建立供货商。

(2)配送战略

对于配送战略的研究是一种站在全局和长远的角度对供应链进行的研究,是十分关键和重要的问题,涉及供应链上企业的长远利益。具体包括:采用什么运输战略,需要多少个转运点等。

(3)供应链的集成

由于供应链本身的动态性以及不同节点企业间存在着效益背反的目标,因此对供应链进行集成是十分具有挑战性的。但实践表明,对供应链集成不仅是可能的,而且它能够对节点企业产生显著的影响。

(4)库存管理

库存是供应链管理的重点,企业库存有它的好处,可以防范供需风险、保持持续生产……但是如果不对库存进行有效的管理,不仅会占用大量的资金,而且会导致库存的浪费等等一系列的问题。在供应链的管理过程之中应该重视对于库存的管理,使库存尽量发挥它有益的方面。

(5)产品的研发设计

适合市场的产品对于供应链上的企业来说是十分重要的,其直接的好处就是供应链上的成员获得经济利益。对于产品的研发设计由此而显得特别重要。在产品的研发设计之中应该对即将要生产的产品进行足够的市场调查,获得客户的认可;注重可行性,使产品能够生产出来。

(6)信息技术

信息技术在有效的供应链管理之中的作用就像人的血液一样作为载体传播着供应链上产生的各种信息。为此应该对供应链上的信息进行管理,收集对自己有用的信息,运用现代信息技术处理所收集到的信息并将处理后的结论进行有效的运用。

(7)衡量顾客获得的价值

企业的目标是为了使顾客获得满意的同时使企业获得利益,那么在顾客获得产品后就要对顾客获得的价值进行衡量,顾客价值的衡量是一个十分令企业头疼的问题,具体包括:决定顾客获得价值的因素是什么,顾客获得的价值如何衡量,在供应链的管理过程之中如何增加顾客获得的价值……

第二节　物流及物流网络规划

一、物流的基本概述

(一)物流的概念

物流按不同的分类方法可以划分为不同的类型。它具有系统性、复杂性和高成本性,是社会经济活动中必不可少的环节。对于物流的概念本作者仍采用《物流术语》的定义。2001 年 7 月颁布的国家标准《物流术语》(GB/T18354—2001)将物流定义成:"物流是指物品从供应地向接收地的实体流动过程。根据实际需要,将运输、储存、装卸、搬运、包装、流通加工、配送、信息处理等基本功能实施有机结合。"

（二）物流的内容和特点

1.物流的内容

根据物流术语的定义,物流的内容包括:运输、仓储、装卸搬运、包装、流通加工、物流信息和配送等。

（1）运输

运输是对所要运输的货物进行空间移动,使货物在正确的时间和地点交给正确的需求方。在现代化大生产下,企业之间货物的运输呈现出多品种小批次的形式,企业之间的这种运输要求也促进了运输业的发展,使运输方式多样化。现在海陆空都可以作为运输活动的空间,运输的主要方式有铁路运输、公路运输、航海运输、航空运输和管道运输等。

（2）仓储

仓储的作用和库存的作用基本类似,有时也将库存归在仓储里面。仓储起着缓冲、调节和平衡的作用,是物流的另一个中心环节。具体来说仓储的作用体现在:

①保管和储存,在仓库里面保管和储存未来需要的商品。在这个过程之中应注意收入和支出的关系。

②调节供需,根据市场的供需情况合理的调节。

③流通加工的功能,仓储可以对货物进行流通加工,促使货物更加美观和易于运输。

（3）装卸搬运

物流在流转的过程之中免不了会发生装卸搬运,其中装卸搬运是指在同一地域范围内进行的以改变货物的存放状态和空间位置为主要内容和目的的活动。装卸搬运的直接目的是为了更好地运输和更好的保管,但是和运输产生空间效用、保管产生时间效用不同,装卸搬运本身不产生任何价值,而只是作为运输和保管的附加过程,但是它对于运输和保管有着巨大的作用,因此将其单独列于运输和保管之外。

（4）包装

包装是物流过程之中十分关键的一环，产品或是材料，在搬运输送以前都要加以某种程度的包装以保证产品完好、美观地运送到消费者手中，所以我们也将包装称为生产的终点，但它同时也是社会物流的起点。包装的作用：①保护物品，使物品的形状、性能、品质在物流过程中不受损坏；②促进美观，便于销售。包装精美环保的商品在现代社会之中更易于获得消费者的认可；③通过包装使物品形成一定的单位，作业时便于计量。

（5）流通加工

物流的过程之中免不了对货物进行一些辅助性的加工，我们称这个过程为流通加工。流通与加工的概念本属于不同范畴，加工一般是在生产过程之中发生的，是改变物质的形状和性质；流通则是改变物质的时间和空间状态，发生在生产和物流过程之中。而流通加工是为了弥补生产加工过程中的不足，是生产加工在流通领域中的延伸，会进一步地满足客户或本企业的需要，使产需双方更好的衔接，从而成为物流的一个组成部分，当然从另一个角度去看也可以看成流通领域为了更好地服务客户，在职能方面的扩展。

（6）物流信息

信息是在物流之中的重要内容，在实际的物流活动之中只有及时收集和传输有关的信息，才能使物流通畅高效的运行，当然也有助于供应链的运作与管理。将供应链上的物流信息进行有效的集合的时候就会产生物流信息系统。

物流信息系统按不同的方式可以分为不同的类型。

①按垂直方向，物流信息系统可以划分为三个层次，即管理层、控制层和作业层。

②在水平方面，信息系统贯穿供应物流、生产物流、销售物流、回收和废弃物流的运输、仓储、搬运装卸、包装、流通加工等各个环节。

将这两种分类方式放在一起就会呈金字塔结构，如图 1-3 所示。可见物流信息系统是物流领域的神经网络,遍布物流系统的各个层次、各个方面。

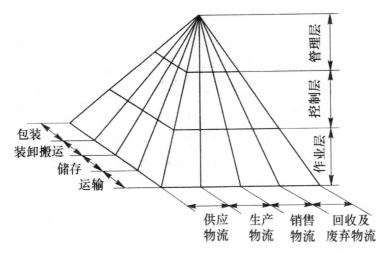

图 1-3　物流信息系统的结构

综上所述,企业物流系统是由运输、仓储、搬运装卸、包装、流通加工、物流信息等环节组成的,企业物流系统产生的效益在实际的运作之中并不是其简单的相加,各个环节都是物流系统链条中的重要组成部分,任何一个环节过分削弱都会影响到物流链的整体强度。重视系统观念,追求综合效益最佳,这是物流学的基本观点之一。

2. 物流的特点

由物流的内容我们知道,物流涉及原料采购、生产制造、运输销售和售后管理等价值链增值过程。没有物流的支持,价值增值不可能实现。在物流的产生和发展过程之中物流的特点也是越来越清晰,具体包括:

(1)系统性。物流将众多的企业连接在一起为了共同的目标而一起努力,这些众多的企业共同构成一个系统。这个大系统从更小的方面来说包含了物的流通和信息的流通两个子系统。在社会流通系统中,物流与商业流、资金流和信息流具有同等重要的价值。

（2）复杂性。物流的内容和所涉及的企业众多使得物流十分复杂，在对供应链进行管理的过程之中必须对其进行严格的分析和及时有效的控制。

（3）高成本。运输、装卸搬运、储存、流通加工、包装、配送等物流内容的完成需要耗费与物流有关的各个企业的时间和资源，这些构成了物流高昂的成本。也正是由于物流高昂的成本，才使其被视为降低成本的"第三利润源泉"。

（4）衔接性。物流是将各个企业从生产到销售联系起来的纽带。物流将各种企业和消费者直接或间接地衔接起来，从而使得物流活动高效运转。

（三）物流的作业目标

物流的作业目标是指物流在运行过程之中必须要达到的目的，是物流得以存在的基础。物流的作业目标具体包括四个方面。

1.快速响应顾客的需求

快速响应顾客的需求体现出了一个企业对市场的反应与应对能力。在物流的管理中（或者说是供应链的管理过程之中）必须使其及时有效地对市场的需求以及变化做出反馈。

2.追求经济库存

经济库存的目标涉及企业资金负担和物资周转速度问题。每个企业都需要将自己的库存控制在合理的范围之内以防止库存占用过量的资金和浪费管理费用。

3.整体物流质量

整体物流质量是物流价值增值的保证，也是获得最终消费者认可的基础。随着全面质量管理的出现以及物流全球化、信息技术化、物流自动化水平的提高，对于物流的质量管理有了新的要求和标准。这样也会促进物流的发展与创新,物流的整体质量也会更上一层楼。

4. 整合运输与配送

随着需求的多样化,产品的运输方式也在发生着巨大的变化,过去的大批少次数的运输似乎一去不复返了,取而代之的是多品种、少批量、高速度的运输方式,这样运输距离长、运输数量不足必然导致运输成本的提高。成本甚至可以直接决定这个企业是否能够生存下去,企业必须要降低运输成本,必须对运输进行重新组合,将小批量的货物整合之后进行集中运输。

二、物流网络设计

(一)物流网络的概念及内容

物流网络是由物流过程中相互联系的组织与设施组合而成的,一般包括:供应商、仓库、配送中心和零售网点。一般来说,一个完整的供应链物流网络由以下几个子网络构成。

1. 供应物流网络

供应物流是企业为保证自身的生产活动能够正常持续进行而与供应商组成的网络。供应物流网络所要解决的是选择合适的供应商、实现快速的供应方式以及实行有效的原料库存管理等问题。

2. 生产物流网络

生产物流是指企业在生产过程中的物流活动,要解决的是生产流程如何安排、生产活动环节如何衔接等问题。生产物流网络的作用主要是做好企业生产过程中的物料流动及存储问题,这是传统的物流网络规划涉及的问题。

3.销售物流网络

随着市场竞争的加剧和客户对物流服务要求的提高,企业需要以更高效的方式将产品交付给用户,企业的销售物流日益成为企业在竞争中取胜的关键。销售物流网络所要解决的是以经济的送货方式、运输线路将客户需要的产品按最佳的服务水平交付给客户。

4.逆向物流网络

逆向物流涉及回收物流、废弃物流和退货物流等内容。以下对回收物流和废弃物流进行简要介绍。企业回收物流是对在生产、供应、销售活动中产生的各种边角余料、废料和退回产品进行回收的物流活动,回收物流要解决的是环保、浪费等方面的问题。回收物流网络的建设与前几种物流网络节点的设置往往是重叠的,设计的重点是回收物流流程的规划。废弃物流是指对企业排放的无用物进行运输、装卸、处理等物流活动,避免资源浪费和环境污染等问题。

(二)物流网络规划

1.物流网络规划问题

物流网络规划涉及的问题关系到生产厂、物流中心和零售店等物流节点。在物流网络规划中,通常需要解决以下关键性战略决策问题。

(1)物流中心(或仓库)的数量。

(2)物流中心(或仓库)的地方。

(3)物流中心(或仓库)的规模。

(4)目标顾客。在规划物流网络时,通常假设工厂和零售店的位置不会改变。目标是设计或重新配置物流网络,在满足服务水平的前提下,使系统的总成本降到最低。系统总成本包括生产和采购成本、库存保管成本、设施成本（储存、搬运等的固定成本）以及运输成本。在假设工厂和零售店的位置不变的情况下，物流网络规划面临的权衡问题就显得很清楚。在整个物流网络中，增加物流中心（或仓库）的数量一般会导致：

①由于运输时间缩短，提高了服务水平。

②由于安全库存增加，导致库存成本增加。

③管理费用和运营成本增加。

④出库运输成本下降，入库运输成本上升。

2.物流网络设计的步骤

在进行物流网络设计时，主要遵循以下步骤。

（1）确定物流网络规划的目标

在进行物流网络规划之前，首先要明确物流网络规划的目的是为了降低成本，还是为了提高物流的服务水平。规划物流网络将来需要实现什么样的物流服务，具备多大的服务能力。为此，在进行物流网络规划之前，要确定以下两个问题。

①未来需求预测

物流网络设计是供应链战略层次上的决策问题，对供应链会产生较长期的影响，规划所确定的物流中心（或仓库）的数量、位置和规模对企业的影响至少长达 3 到 5 年。因此，在规划物流网络时需要预测未来的需求情况。

②服务水平需求

为了保证物流中心可以在合理的时间内为顾客提供配送服务，通常可以通过设定物流中心服务的半径来保证服务水平。

（2）数据的收集和整理

物流网络规划需要来自各方面的大量数据作为决策的基础。具体来说，需要的信息包括以下内容：①供应链各个成员的地理位置；②所有产品的有关性质特征，包括数量、种类、是否需要特殊运输和存储条件等；③某区域范围内的顾客对于每一种商品的一段时间的需求预测；④各种运输方式的成本；⑤运输规模和配送频率;⑥各候选物流中心的相关成本;⑦订单处理成本,订单的频率、批量等。

3.建立物流网络模型,得出优化解决方案

建立恰当的物流网络模型,找到最优的或者是满意的物流网络解决方案是物流网络设计的直接目标。在物流网络设计之中会用到各种模型:图表技术、仿真模型、启发式模型、优化模型以及专家系统模型。

(三)物流设施选址方法

1.单设施选址

在为单个设施选址时,最为常用的是重心法,将运输成本作为唯一的决策依据,是一种静态的设施选址方法。决策的目标是使总成本最小。在用重心法进行选址时,必须要满足以下条件:①运输费率为线性;②运输路线为直线或基本按直线行进;③忽略在不同地点选址可能由固定投资、劳动力成本、库存成本不同所引起的成本变动。具体的流程包括问题描述、模型的解法、算例得出最优的选址。

2.多设施选址

单设施选址的情况在现实之中似乎见到得比较少,一般多设施选址的情况会相对较多。多设施选址是指每一个节点企业的供应商和客户有很多,而且这些供应商和客户的位置相对比较分散,在这种情况下对物流进行的选址。所以仅仅对单设施的选址进行研究是不能解决现实问题的,因此,大多数的物流设施选址研究是围绕着多设施选址展开的。具体的流程也是问题描述、模型的解法、算例得出最优的选址。

第三节　供应链与物流网络管理

一、物流网络在供应链管理中的地位

供应链是物流、商业流、信息流、资金流四个流的统一,同样根据物流网络的定义不难发现物流网络是供应链管理体系的重要组成部分。但是在有着紧密联系的同时我们也得看出它们之间的差异。供应链管理与物流管理的主要差异如下。

(1)物流和供应链的定义不同。物流涉及原材料、零部件在生产过程各个环节之间以及企业之间的流动,而不涉及生产制造过程的活动,相反供应链却恰好涉及。

(2)管理范围不同。供应链管理包括物流活动和制造活动,即供应链上的管理一般包括物流管理。

可以从价值分布来考查物流管理在供应链管理中的作用。不同的行业和产品类型的供应链价值分布不同,但是从总体来说物流价值在各种类型的产品和行业中都占到了整个供应链价值的一半以上,而制造价值还不到一半。供应链是一个价值增值链过程,有效地管理好物流过程,对于提高供应链的价值增值水平,有着举足轻重的作用。

物流管理的作用也在随着时代的变化而逐渐发生变化,当我们现代谈论物流管理的重要性的时候,它的作用一般体现在:

(1)使用户在享受低成本的同时获得最大的顾客满意度。

(2)快速地响应市场的需求。

(3)提供专业化的服务,建立企业形象。

(4)建立信息的反馈机制,协调各种供应链上的矛盾。

当然,这些目标有些企业现在也许还达不到,但是这些也是现代物流企业一直孜孜不倦的追求。要实现以上几个目标,物流网络在平时的运营过程之中应做到准时交货、降低库存费用、加速资金周转、快速传递与反馈市场信息、提供低成本的优质产品，以提高用户满意度。因此，提高企业竞争力的要求重点之一在于建立敏捷而高效的供应链物流系统。供应链管理将成为形成21世纪企业的核心竞争力的关键，而物流管理又将成为供应链管理的核心能力的主要构成部分。

二、供应链环境下物流网络的特征

市场总是处在不断变化之中，即使是相对稳定的市场环境在一段时间之内也会发生一定的变化，而企业总是处在一定的市场环境之中的，当企业所处的环境发生变化时，企业的供应链管理（竞争点）也应该相应地发生改变以适应市场的需求。对于供应链环境下物流网络的特征研究始于供应链管理环境下的物流环境的研究，供应链管理环境下的物流环境有如下几个特点（表1-1）。

表 1-1　供应链环境下的物流特点

竞争的需求	竞争特性	物流策略要素
快速响应市场需求的能力	敏捷性/柔性	通过先进的信息技术反馈系统以及畅通的运输通道快速响应顾客的需要
资源协调共享能力	合作性	通过即插即用的信息网络获得信息共享与知识支持
提高用户满意度的能力	满意度	多样化产品、优质服务

三、供应链管理与物流网络的整合

为有效完成物流网络活动，进而提高企业自我竞争力，供应链上的所有企业必须与供应商和顾客合作,结合所有物流活动,形成整合式管理,并重视成员间的紧密联系。供应链管理以信息和资源共享为最基本的出发点。供应链管理与物流网络的整合形式主要包括以下几个方面。

(1)物流供应链管理通过整条供应链的运作,使物流与信息流达到最优化。链上的所有企业追求全面的物流网络的综合效果,而不是单一的、孤立的片面效果,这种综合效果的作用大于每个单一效果的总和。供应链管理的目的不仅是降低成本,更重要的是提供用户期望以外的增值服务,以产生和保持竞争优势和获得最大的利润。

(2)物流供应链的管理不再简单地把库存当做维持生产和销售的措施,突破了它的传统作用,而将它作为一种供应链的平衡机制。供应链的管理也一直将供应链的平衡作为其追求的目标之一。

(3)通过物流网络的准时生产制要求供应链上的所有要素同步,减少无效作业,提高一体化和物流的运作效率,促进物料与产品的有效流动,以减少各种浪费。

(4)通过 QR 预测未来需求,对于这种科学的预测做出快速反应。

(5)通过 ECR 消除系统中不必要的成本和费用,在节约成本的同时用尽可能多的资源开发自己的强项——核心竞争力。

第四节　供应链管理下的第三方物流

一、第三方物流的概念及特点

(一)概念

在供应链的管理模式之下,企业对物流的运作和管理提出了更高的要求。物流的发展已经由公司自己承担物流业务逐渐变为将此业务外包以及后来的专业物流提供者——第三方物流。第三方物流企业是一种实现供应链集成的有效方法和策略,它通过提供一种集成运输模式使供应链的小批量库存(经济库存甚至是零库存)补给变得更为经济和高效。第三方物流企业是一种为大多数企业提高运输服务的实体企业,它为多条供应链提供运输服务。是现代物流业发展的必然趋势。

第三方的服务内容从总体上看包括常规服务和增值服务。以增值服务作为物流服务的重点和发展趋势。

(二)第三方物流的特点

1. 信息化

供应链的发展对于第三方物流提出了更高的要求,为了便于供应链的管理以及为了供应链上的成员获得更高的经济效益等必须对供应链进行信息化改革,让现代最新的信息技术服务于物流业、服务于供应链。信息技术的广泛运用促进了物流管理的科学化,提高了物流服务效率,为物流业的发展打下了坚实的基础。

2. 合同化

物流业的发展必须要有法律来作为后方保证,合同在商业时代似乎是最简便也最为认可的法律形式。一方面第三方物流是通过合同形式来规范物流经营者和物流消费者之间的关系的。物流经营者根据合同的要求,提供多功能及全方位一体化的物流服务,并以合同为依据来管理物流服务活动及过程。另一方面第三方发展物流联盟也是通过合同形式来明确各物流联盟参与者之间的关系的。大家都做到权责分明、责任明确。

3. 专业化

当把物流业务外包给第三方物流企业的时候,第三方物流企业必须提供专业化的服务才能满足顾客的需求,当然从一定程度上来说,提供专业化的服务也是物流第三方形成的原因。

4. 个性化

现代社会每个顾客的需求是不一样的,在物流上也是一样。不同的物流客户要求提供不同的物流服务,第三方物流企业可根据客户的要求,提供有针对性的个性化服务和增值服务以满足其多样化的需求。

二、第三方物流在供应链中的作用

时代既然选择了第三方物流企业必然有它的理由,即第三方物流的作用与优势。从总体上来说,第三方物流企业一般具有如下优势:①提供个性化的服务和相应物流网络;②实现成本节约效应;③有助于减少资本投入;④资源优化配置;⑤第三方物流企业的信息技术优势。

本章小结

本章主要从基本的概念和基础的理论方面阐述供应链管理与物流系统规划的相关知识。这一章共有四节内容,虽然涉及要点不同,但都是遵循一个思路来展开论述,即:首先解释概念;其次说明其特征与具体的内容;同时由于供应链与物流都属于新兴产业,因此紧接着论述了其发展的趋势与可能遇到的问题。有助于读者在把握整体框架的前提下对晦涩的理论知识进行深层次的理解与掌握。

第二章　供应链管理与现代采购

当人们将采购和花钱联系在一起的时候觉得这是顺理成章的事情,但当人们开始思考采购是否可以赚钱的时候,的确需要费一番周折。供应链管理首先就是与采购关联在一起的,借助采购管理挖掘采购环节的价值,实现企业的价值,创造供应链体系的价值。同时,借助采购建立合作伙伴关系,构建供应链体系。

第一节　现代采购及其管理

一、采购

(一)采购的定义

有效的货物或服务的采购,对企业提高竞争优势具有极大的作用。采购过程把供应链成员连接起来,供应链成员的信誉和相互的信任度保证了供应链的供应质量和供应的稳定性。在许多行业中,原材料的投入占据了产品成本的很大比例,并且原材料的质量与产品质量具有紧密的关系,不容易找到合适的替代品,因此想办法降低原材料的采购成本对降低成本的意义不言而喻。

采购是一个复杂的过程,涉及方方面面的因素,并且不同的采购方式有不同的侧重点,因此目前还没有一种定义能够将采购包含的所有要素都囊括进去,人们对它的定义也没有达成一个统一的看法。

我们认为,肯尼斯·莱桑斯和布莱恩·法林顿在《采购与供应链管理》中为采购下的定义比较具有全面性:"采购是一个由组织机构的单位实施的过程,不论是作为一种职能还是作为集成供应链的一部分,它既负责以最有效的方式在合适的时间采办或协助用户采办合适的质量、数量和价格的货物,又负责管理供应商,并由此对企业的竞争优势和企业共同的战略目标做出贡献。"

在这个定义中有不少术语,分别予以解释:

(1)过程,是指涉及采办供应的业务活动的链或序列。

(2)组织机构的单位,这可以是一个部门、一个团队、一个成本或利润中心,它们在指派经理的管理下,负责所有的采购业务活动。一个可替代的术语是"采购负责中心"。

(3)职能,一个可分离的组织单位。

(4)集成供应链,这是指把过去分散的组织机构单位,如采购、生产和销售,吸收到一起,形成一个连续的相互作用的流程。

(5)采办,是通过一切手段获取商品和服务的过程。

(6)协助用户采办,这是指不断增加的业务,要与某个供应商谈判合同,采购像办公室用物资这样的大宗货项。那么,用户可以使用所谓的采办卡片,直接在线订购他们所需要的物资。这也指由采购部门作为采购团队的职责给予的指导。

(7)以最有效的方式,在采购过程中,尽可能地消除无增值作用的所有业务活动。

(8)供应商管理,是采购或采办的一个方面,它涉及供应商基库的合理化,挑选供应商,协调供应商,评估供应商绩效及开发供应商的潜力,并且在合适的情况下,与供应商建立长期的合作关系。

(9)竞争优势,它是指企业和它的竞争对手相比能够更好地面对市场和风险。采购的力度和开发良好的供应商关系可以使企业保持这种竞争优势。

(10)企业共同战略,这主要是指一个企业的目标和为了达到这种目标所采取的手段及措施。

（二）采购要素

采购主要包含供应商、时间、价格、数量和品质等五大要素。

（1）对于供应商的选择，采购人员必须考虑供应商的规模，平衡潜在供货能力及价格、配合度。另外，考虑到资源的稀缺性，采购人员还应尽量开发可靠的替代性供应货源，同时做好供应商管理，提高采购绩效。

（2）在时间上可分为两个方面，主要是内部使用单位的需求时间和要求供应商交货的时间。为了权衡交货期与价格，采购员应缩短供应商的前置时间或者前置期，配合使用单位的需求时间与生产排程以达成及时供货的目的，从而保证生产线能够得到顺利运转。

（3）在价格方面，并不是奉行低价至上原则。采购员要在保证物品质量的前提下，根据采购的目标，以最优价格买到其需要的物品和服务。

（4）就数量而言，采购员既要顾虑到库存管理，使物品库存周转率达到最大而减少储存成本，还要尽量减少库存积压、库存品损坏、失窃等，使存货的持有成本保持在低水平。

（5）就品质而言，采购员必须注意品质保障，但是不能过度追求品质。另外，采购还应保持一致的物料品质，即要维持品质的一致性，要求供应商每次供货的品质不能有明显的差异。

（三）采购活动的功能

1.有助于产品和服务质量的提升

采购和供应链管理有助于产品和服务的质量的提升。在很多情况下，公司想提高它门外包的零部件、配件和服务的比例，以便集中精力专攻它们所擅长或占优势的领域。于是，采购、外部供应商和质量之间的关系就变得愈加重要。下边的例子揭示了供应商的质量和产品质量的重要联系。欧洲一位苏打汽水饮用者因喝可口可乐公司的产品而生病,这个例子曾引起广泛的关注。可口可乐的首席科学家声称,原因是比利时的一个瓶装车间的质量疏忽。可口可乐的最终产品里被发现有污染了的二氧化碳(生成苏打饮料气泡的气体)。可口可乐公司的一个发言人证实,比利时车间没有对供应商的二氧化碳进行检验。而供应商申辩说,可口可乐从未要他们出示过有关气体质量确认分析的证明。这个例子说明,在管理供应商质量的过程中,疏忽或遗漏可能玷污一个品牌,即使是世界上最有名的品牌。

2.有利于改进产品和流程设计

采购,发挥着连接供应商和工程师的作用,并且有利于改进产品和流程的设计。例如,与没有引进供应商的公司相比,早期就与供应商建立合作关系的公司在物料成本方面会有平均20%的降低;物料质量会有20%的改进;同时,产品开发时间也会缩短20%。包括供应商在内的研发小组也报告说,与不包括供应商的团队相比,他们会得到来自供应商的更多的改进建议。早期就与供应商建立联系意味着从那刻起,采购就开始创造新价值。

3.有助于取得竞争优势

许多总经理都一致认为,有效的采购是取得竞争优势的关键。比如在20世纪90年代,美国电话电报公司一位负责电话产品的副总裁发表了这样的感慨:"迄今为止,采购是美国电话电报公司一个最大的职能部门。没有什么其他部门比采购更重要。"

(四)采购的原则

采购决策应该以正确的商业导向为基础,兼顾对其他部门的影响,并且以适应公司内部用户要求为目的。结合采购五要素,指导采购的原则可以归纳为"五适"即5R原则,包括适时原则、适价原则、适质原则、适量原则和适当交货期原则。

(1)适时原则指准时采购,在需要时采购,不轻易地进行随机采购。采购时间可以根据不同的采购方式来决定,其中采购方式包括现用现料方式、定量采购方式和定期采购方式。该原则主要和采购环境及供应商关系相关。

(2)适价原则是指采购时应注重商谈价格。采购员必须根据市场行情,分析物料的质量情况和价格变动情况,购买物美价廉的物资。该原则主要与采购定价相关。

(3)适质原则指物料采购必须事先依据所需求的性能或质量列出技术要求,根据要求选择合适的供应商。在此过程中采购员还应根据潜在市场变化或供应厂家的生产情况做出恰当的采购变动决策。该原则主要与质量管理相关。

(4)适量原则主要指通过采购量,协调生产销售顺畅度与资金库存调度间的关系。该原则主要与库存、成本管理相关。

(5)适当交货期原则指适当的交货提前期或采购提前期。提前期过长将导致大量库存,理论上说提前期越短越好,但由于信息传递质量等客观条件的限制,提前期难以压缩到理想水平。因此该原则主要和选择并管理交货期相关。

二、采购管理

(一)采购管理的概念阐释

所谓采购管理,就是指为达到机构的日常管理与战略目标而获取供应商的商品和资源的管理活动。其目标是为了保证企业的物资供应,为确保在适当的质量下,能够以适当的价格,在适当的时期从适当的供应商那里采购到适当数量的物资和服务所采取的一系列管理活动。

1.合适的供应商

合适的供应商对于企业来说有重要作用,它是采购管理的首要目标。供应商对企业成本有着重要的影响,一个合适的供应商能够有效地降低企业成本,提高企业的利润。在对供应商的选择中,我们不仅要注重供应上所提供原材料或零配件的价格,还要综合考虑其产品质量、行业信誉以及生产供应能力等多种因素。

2.适当的质量

企业进行采购的主要目的是服务生产,当然也有一部分非生产性采购,这里我们不做过多讨论。就企业的生产性采购而言,采购部门必须对采购物品进行严格的质量标准要求,这是保证企业产品质量的重要环节,企业管理者必须予以足够的重视。采购物品的质量要做到"适当",既不能加大采购成本,也不能影响企业最终的生产物品的质量。

3.适当的时间

采购时间上的适当主要有两个层面的意义。

(1)采购部门要制定合理的采购计划,保证原材料供应的连续性,不能出现供应中断的情况,否则会影响企业的正常生产,为企业带来不必要的损失。

(2)企业生产物资的供应要与企业的生产节奏和市场行情相一致,避免出现库存大量积压的情况。

4.适当的数量

采购数量"适当"是指根据企业的生产节奏和市场销售状况科学确定采购的数量,既要保证企业正常的生产节奏,又要保证库存不能出现过多的积压。

5.适当的价格

采购价格是与企业的生产成本关系最为直接的一个采购要素,采购成本高,企业的生产成本和产品的最终销售价格也会随之升高。因此,采购物品"价格适当"也是采购管理的重要目标。所谓"价格适当",还要求采购价格的公平合理,采购商要保证供应商合理的利润空间,保证其长期供应的积极性。

在实际采购管理中,采购经理一方面必须主动地对用户需求做出反应,另一方面还要保持与供应商之间的互利关系。

(二)采购管理的作用

采购管理的作用主要可分为直接作用和间接作用,其中直接作用指采购管理可以通过成本节约等提高营业利润;通过与供应商一起安排质量和物流,提高资金周转率;对企业的业务流程重组及组织结构改革作出贡献;为企业内部提供价格、产品可用性等信息。间接作用主要指采购管理促进产品标准化、减少库存、增强柔性、提高企业部门间协作水平,同时对产品设计和革新也起到重要作用。随着企业经营形式的发展变化,采购管理也在供应链的构建及实施中起到了重要的衔接、协调作用。

(三)采购管理的主要方面

企业为了完成自己的既定的采购目标,要特别重视与加强对采购活动的管理。企业的采购承载着一定的经营任务,主要包括:保证物资供应,确保企业生产正常运行;获取物资采购和生产经营相关信息,为管理者提供决策依据;处理好与供应商的关系,便于建立长期合作关系。

第二节　供应链采购成本控制

一、采购成本

(一)采购成本的概念

根据成本归属的对象,采购成本、仓储成本、运输成本、配送成本等共同构成了成本。其中采购成本是现代供应链研究中的一个重要对象,它是构成企业产品成本和产品价格高低的重要因素,是反映企业生产经营管理水平的主要指标。对于制造型企业来讲,狭义的采购成本可以定义为原材料的成本。但是广义的采购成本其内容更加宽泛,不仅包括原材料的成本,还应该把整个采购过程中所需要付出的成本,以及由于不良采购而增加的成本都包含在内。

因此,对采购成本的定义是:企业为取得与自身需求相吻合的原材料、配套件、外协件而必须进行的所有活动时所发生的相关费用,它不仅包括买价,而且还包括运输费、包装费、途中保险费、自然耗损费等其他费用。

(二)采购成本与采购价格

在采购过程中,原材料或者零部件的采购价格固然是很重要的财务指标,但作为采购人员,不仅仅要看到采购价格本身,还要将采购价格与交货、运输、包装、服务、付款等相关因素结合起来考虑,以衡量采购的实际成本。如表 2-1 所示采购价格与采购成本有很大的区别。

表 2-1 某单位玻壳采购成本分析

项目	单位(元)	该项目占总采购成本之比
玻壳采购价(发票价格)	37.20	54.31%
运输费	5.97	8.72%
保险费	1.96	2.86%
运输代理	0.03	0.04%
进口关税	2.05	2.99%
流通过程费用	0.41	0.60%
库存利息	0.97	1.42%

续表

项目	单位（元）	该项目占总采购成本之比
仓储费用	0.92	1.35％
退货包装等摊销	0.09	0.13％
不合格品内部处理费用	0.43	0.63％
不合格品退货费用	0.14	0.20％
付款利息损失	0.53	0.77％
玻壳开发成本摊销	6.20	9.05％
提供给供应商的专用模具摊销	5.60	8.17％
包装投资摊销	6.00	8.76％
其他费用	0	0.00％
总计	68.50	100％

（三）影响采购成本的主要因素

1.采购价格及谈判能力

在企业经营过程中,采购价格直接决定着企业采购成本的高低,是控制企业采购成本的关键因素。相应地影响企业采购价格高低的一个主要原因就在于企业采购人员谈判能力的强弱。因此,在现代市场经济条件下,就要求企业的采购人员必须掌握一定的采购技巧。企业在进行采购谈判时,首先必须针对行业态势进行准确评估,然后再根据分析报告选取不同的谈判议价手法。

2.采购人员素质

随着社会主义市场经济的深入发展,在现代企业中采购日益受到企业的重视。由于采购所面临的环境日益复杂以及采购地位的上升,企业采购人员的素质也必须不断加强。在现代企业运营中,供应商为了得到某一企业原材料的供给权,往往会通过各种途径来拉拢采购人员,或者利用人际关系进行感情投资,或者以回扣、红包等各种诱惑条件来得到采购人员的青睐。在这样的市场环境下,采购人员必须具备较高的道德素质和职业修养,才能本着有利于企业发展的目的完成采购任务。

3.物品市场信息

随着经济全球化的深入发展以及信息化时代的到来,市场信息复杂多变,企业要想尽可能降低采购成本,其中一个关键措施就是及时、全面、准确地掌握和分析物品市场信息。

4.采购批量和采购批次

如果采购数量大,采购企业就会享受供应商的数量折扣,从而降低采购的价格。因此,大批量、集中采购是降低采购成本的有效途径。这就要求企业在制定采购计划时,必须科学分析企业的生产力,把控好采购量。此外,企业间也可以通过联合采购扩大某一原材料的采购量,从而获得供应商的大幅度折扣价格,降低采购成本。

5.存储方式

企业的物料损失也是影响企业成本控制的一个重要因素。如果企业原材料的存储地点和存储方式选择适当的话,能够使企业大力减少对人力、和运费的开支,从而降低企业成本。

6.物品的运送方式

企业所采购原材料的运输方式也是影响采购成本的重要因素。运输时间短,费用低,安全性高,能够有效地降低运输成本,提高经济效益。

7.采购策略

科学有效的采购策略是降低企业成本的根本因素。随着社会主义市场经济的发展,市场竞争愈演愈烈,为了有效降低企业成本,企业必须全面、准确分析市场态势,制定采购策略。

二、采购成本控制

(一)采购成本控制的意义

现代市场中采购成本在任何企业的成本构成中都占据着很大的比重,也是企业成本控制中的核心部分。例如采购成本在生产制造型企业中的比重就相当大,据统计要占产品总成本的60%左右。因此,企业在决定企业产品销售价格和利润时必须考虑采购成本的影响。有效控制采购成本,能够直接提升企业产品的利润,增强企业的市场竞争力。

以成本控制比较好的娃哈哈饮料公司为例,向经销商出售一瓶营养快线3元钱时,支出费用包括购买全脂乳粉、白砂糖、浓缩果汁、水及食用增稠剂等各种食品添加剂和维生素,以及产品的包装材料等所需的费用,这些原材料的采购费用支出不少于1.8元。又如本田汽车美国分公司负责采购的前副总裁戴夫·尼尔森说:“本田意识到采购功能的重要原因之一就是一辆车成本的80%都是采购成本这一事实,于是怎样采购就是怎样经营本田。”瑞士的国际采购专家盖瑟尔也明确表示:“采购者应对生产总成本的一半负责。”

企业经营的根本目标是追求利润最大化。降低成本是企业永恒的主题。在企业降低成本获取利润的分析中,一般把通过减少生产过程中的人工、能源和原材料消耗取得的利润称为第一利润源泉,把扩大产品销售量或销售利润率取得的利润称为第二利润源泉,把通过供应链管理降低物流费用取得的利润称为第三利润源泉,把控制采购获取的利润称为第四利润源泉。在供过于求占主导的市场经济中,通过控制采购费用获取的利润要比通过扩大产品销售量或销售利润率获取的利润来得容易。

例如,有一家生产企业,设销售额为 500 万元,采购额(按占销售额的 60% 计)为 300 万元,利润(设利润率为 10%)是 50 万元。若该家企业通过更好的采购管理,将采购成本减少 5%,便会使利润增加 15 万元。如果这 15 万元的利润单靠增加销售额来实现,那将至少需要增加 150 万元的销售额。两相比较,结果显而易见。随着企业经营竞争加剧,微利时代到来,许多企业可节约成本的空间大大缩小,劳动力成本占生产总成本的比例在逐年下降,销售领域的激烈竞争使企业很难得到销售市场空间的迅速增加而带来的利润增长,因此,降低采购成本就成为微利时代企业创造利润的重要手段,成为备受企业关注的"第四利润源泉"。

在我国,有相当部分企业一方面仍然只将目光投向管理费用以及工资和福利,裁减员工、削减福利往往成为企业控制成本的首选,把大量的时间和精力花费在这些占企业总成本还不到 40% 的次要方面,却忽视了占总成本 60% 以上的采购成本,不仅收效甚微而且会造成人心浮动,可以说是得不偿失,这种状况需要改变。

在现代市场经济中,随着科学技术的发展创新,企业间的竞争不断激化,降低采购成本,有效控制企业成本,已经成为企业占据市场竞争优势的主要手段之一。所以正视企业采购部门的专业化职能是促进现代企业发展的必然要求,也是企业赖以生存的基本保障。

(二)采购成本控制中存在的问题

1.缺乏主动出击市场的动力和积极性

目前来说,我国企业并没有与其上、下游企业建立战略联盟关系,以至于能够甚少利用市场的外部资源。主要原因在于企业生产管理思想落后,封闭自守,不愿意与外部企业协同运作,只是一味地按照本企业的工作制度安排生产计划。这样就容易造成供应链发展不协调,导致资源的浪费。对此,企业必须转变观念,加强与外部企业的协同合作,扩展资源的利用度,实现资源的有效管理。

2.缺乏采购成本控制整体效益观念

一方面来说,企业降低采购成本能够有效地降低企业成本,从而提高企业产品的利润和价值。但是另一方面一味地注重采购成本的下降,并把其作为评采购业绩的重要依据,就容易导致采购原料质量的下降,从而影响采购产品的价值,从整体上来说更不利于企业的发展。

3.缺乏全员参与成本控制的意识,认为控制采购成本只是采购部门的职责

在现代企业经营过程中,各部门之间是密切联系的,在企业内部各部门、各环节的各项要素与各项活动共同作用下才能导致采购成本的形成。企业任何一个部门,其中的任何一名员工的行为都可能对采购成本的形成产生或多或少的影响作用。企业中任何部门,任何员工都有职责和义务从自身做起,科学地降低采购成本,才能从总体上达到控制采购成本的目的。

(三)供应链上的采购成本控制

供应链成本控制的目标就是将满足客户需求的产品在正确的时间,按照正确的数量、正确的质量和正确的状态送到正确的地点,并使总成本最小和总收益最大。采购要求能在任何时候、任何地点以最低价格和最快速度获得最适合的产品。为了满足这一需求,供应链上的供应商和客户就必须要协同作业,优化流程,消除过程浪费,尽可能减少或消除各个作业环节的成本,最大

限度地实现过程增值。

1. 实行标准化管理

实行标准化管理主要目的是减少购买前和购买中各个作业环节的失误。为了减少成本,消除过程浪费,许多企业对采购过程中的主要环节,如供应商选择、请购、签订合同、下达采购订单、货物接收、检验、退货、货款支付等的操作有一整套比较规范的管理要求标准,以便最大限度地减少直至消除购买前和购买中各个作业环节的失误。

2. 控制库存

近些年来,国内外许多著名企业如美国的戴尔公司 Dell、中国的海尔集团通过控制企业供应链上的采购库存,在成本控制上取得了非常显著的效果,不仅为企业节约了大量的资金,而且增加了企业产品的竞争力,使企业成为行业中的佼佼者。在控制采购库存成本方面,这些企业通常采用以下两种做法。

(1) 与供应商紧密合作,在采购中实施供应商管理库存(VMI)

没有任何的库存备料具有一定的风险,它可能会降低企业对客户响应的速度,降低企业的服务水平,还会带来其他方面的成本。为了避免这类风险,一些企业与主要供应商密切合作,要求供应商为企业持有并管理一定数量的安全库存,在这些库存被送到企业并进行支付之前,供应商一直享有库存物资的所有权。供应商通过不断跟踪客户的生产状态,及时调整自身的生产和对客户的供货,从而实现快速响应市场需求,降低供应链库存费用,减少物资的采购供应成本,提高需求预测的精确度,避免商品物资缺货,提高服务水平,最终提高整个供应链的竞争力,实现各成员企业间的互利共赢。

(2) 实行订单驱动下的零库存(JIT)采购

这是一种先进的采购模式,企业只要在有订单的时候,按订单需要的数量,采购并生产订单所需的产品,从而使库存达到最小甚至无库存。同时通过严格管理,杜绝生产怠工、多余劳动、不必要搬运、不合理加工及不良品返修等方面的浪费,达到准时化、小批量、多批次、零缺陷、零库存。

第三节　供应商选择

由于不同企业的性质、特点、现实状况等方面有所不同,因而对于不同的企业,供应商的选择策略也会有或多或少、或大或小的差异。具体说来,有的遵循稳定策略,有的遵循动态选择策略,有的针对不同的产品、不同的市场动态采取对应策略。供应商的选择是一个集体的决策,而不是单个的个人的事情。

一、供应商选择方法

(一)直观判断

顾名思义,直观判断一般是企业直接选择供应商的一种方法,主要方法是通过直接的调查、征询意见,在此基础上,进行综合分析,通过分析的结果来选择供应商。因为这种方法是通过直观行为来完成的,因而其主观性相对较强。它具体的途径是由第三方倾听和采纳有经验采购人员的意见,或者是采购人员直接参与供应商的选择,凭借自己的工作经验做出判断。由于事物是普遍联系的,因而,这种方法也有其必然的影响因素。首先是所选择的供应商,看其能否按照企业的期望提供正确且齐全的资料。其次是企业采购部门的决策者,看其能否具有敏锐的眼光,以及宏观的分析判断能力,当然也和其工作经验有着密切的关系。与其他的选择供应商的方法相比,这种方法有明显的主观色彩。但是,由于是直接的判断,因而所需要花费的时间较短,而且操作起来简单、方便、快速。同时,上述优点伴随的是其缺乏科学性,对信息详尽掌握的程度的大小很容易影响选择结果。一般来说,这种方法比较适用于企业非主要原材料的供应商的选择。

(二)矩阵选择

矩阵选择又叫做矩阵分析法,是管理中常用的辅助工具之一。该方法原本是应用在质量管理中,此处我们将其运用于供应商选择。根据经验选择供应商的进程中无非有两个主要的宏观因素,即商业因素和环境因素。

在矩阵分析法中,我们就可以将商业因素和环境因素置于两个坐标轴上(纵轴和横轴)。

商业因素一般包括利润值、企业规模、企业发展规模以及市场份额等因子,而环境因素一般是遵从 ISO 质量标准,它通常包括产品的质量测试方面的诸多因子。企业可以根据自身采购需要,灵活地侧重两种因素的比例,将供应商进行科学合理的排序。

(三)考核选择

考核选择法实质上是一种比较分析方法,考核选择的前提是充分全面的调查了解,在综合分析得到的许多数据的基础上,进行认真考核、分析比较,从而确定所选择的供应商。

1.调查了解供应商

对供应商的调查可以分为两个阶段,分别是初步调查阶段和深入调查阶段。无论是其中哪个阶段,都会面临供应商的选择。而这两个阶段由于深度不同,因而选择的依据也不同,要达到的目标也不同。

对于初步调查阶段,选择供应商的基本依据主要是大方面的问题,比如说产品的品种规格、质量价格、生产能力,以及供应商所处的地理位置,这会影响到运输、运费。还有服务水平等条件也是要考虑的要素。当然,有时候供应商不可能同时满足这些条件,这就需要进行对比,综合选择。

供应商深入调查对象的选择相对比较复杂,我们需要注意以下两个方面的问题。

(1)根据企业产品科学确定产品分类,明确企业产品的重要程度排行,为相关决策提供依据。

(2)对供应商的相关状况进行深入地调查与了解,明确供应商的真实生产与供应水平,根据企业的产品分类合理进行相关生产物物资和零部件的采购。

2.考察考核供应商

在进行了对供应商的考察后可以初步确定下几个比较有意向的供应商作为合作伙伴,这并不是说就确定下最终的供应商。上文已经提到过,对供应商的考察,经过了初级阶段后,还要经历深入调查阶段。这个阶段的考核由于直接面对这生产运作,因而更加实际、全面,考虑的因素更加细化具体,因而,要求就更加苛刻。在具体的深入阶段,要对各个环节都进行具体的考察,比如:产品质量合格率、按时交货率、按时交货量率、交货差错率、信用度、配合度等。在此基础上,再来一个综合的评价,最终确定选择的结果。

3.考核选择供应商

在经历上述两个阶段后,并不是就完成了供应商的选择工作。要通过对在两个阶段中选择出来的供应商进行综合评估,才能最终确定选择的对象。而且只有将这些选择出来的供应商放入实际的运行造作工程中,才能最终判断出该供应商的优势和不足,以此来决定以后要不要继续合作。这个阶段就是试运作阶段。在试运作阶段达到优秀的供应商应该入选。

(四)策略选择

策略选择其实是对策略进行分析,因此就是策略分析法。这种选择可以从两个角度进行落实,一个是稳定角度,即采取稳定策略;另一个是动态角度,即动态策略落实。

稳定策略重在长期合作上,选择较符合企业发展以及长期发展的采购需求的供应商,并不断加强供应关系。该策略最鲜明的特征是建立最终的联系及合作伙伴关系。

动态策略则偏重在优胜劣汰的供应关系上,即企业会根据发展需要对供应商进行淘汰,选择更符合企业发展的优质供应商替补到供应链中。

(五)协商选择

在整个供应链体系中,能够为企业提供供应物品和服务的供应商有很多。也就是说,潜在供应商比较多,但面对纷繁复杂的供应商,企业能否选择出最优的合作伙伴是一个巨大的难题。当采购者比较难以做出决定的时候,可以采用协商选择的方法进行决定。这种方法的具体操作步骤是,由采购单位选出供应条件比较有利的几个供应商,同时对他们进行协商,最终确定适合的供应商。协商选择方法因为双方能够充分的协商,所以在商品质量、售后服务和交货日期等方面都比较有保证。这种方法的缺点是,由于企业在选择供应商时能够选择的范围很有限,而且由于这需要耗费大量的时间,因而,企业不一定能找到最便宜和供应条件最有利的供应商。

二、供应商的选择步骤

供应商的选择和管理是整个采购体系的核心,其表现也关系到整个采购部门的工作业绩。采购部门可以根据如图2-1所示的流程对供应商进行综合评比,选择一个适合自己公司的有实力的供应商。

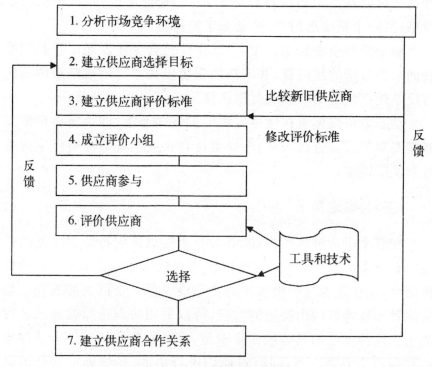

图 2-1　供应商选择的步骤

（一）分析市场竞争环境

在对供应商进行选择的过程中，首先要做的就是根据企业产品的类型，对特定的市场以及竞争对手进行全面的分析，摸清市场的基本状况，尤其是龙头企业的相关状况以及行业目前的发展前景和发展潜力。

（二）建立供应商选择目标

企业要根据具体的情况设置相应的评价流程，并制定评选方案，保证各个环节的顺利实施。企业对供应商进行评估的根本目的是降低成本，在质量合格、供应能力稳定的条件下，寻找价格最为优惠的供应商。

（三）建立供应商评价标准

建立供应商评价标准主要有以下七个方面。

1.技术水平

技术水平是指企业采购的原材料或者零配件与企业的生产标准与技术参数必须一致，如果不一致企业的整个生产活动都无法进行。

2.供应能力

就是供应商持续供给一定规模的原材料或者零部件的能力。如果企业选择的供应商供应能力不稳定，很可能会因为供应商的问题导致采购企业的销售损失。

3.地理位置

供应商的地理位置是否与采购商接近也是评价供应商的一个重要标准。与采购商距离较近的供应商，能够迅速将生产物质运抵采购企业，不仅可以大幅减少运费，还可以有效地调节企业的库存，降低库存费用。

4.产品质量

原材料的质量直接关系着企业产品的质量，选择产品质量过硬的供应商，可以有效地帮助企业提高产品的质量，赢得更好的市场口碑。

5.可靠性

是指供应商在该供应领域的企业信誉。

6.价格

供应物资的价格直接关系着企业产品的生产成本，较低的原材料供应价格能够有效提高企业产品在市场的竞争水平,当然在关注价格的同时也不能忽视供应材料的质量。

7.售后服务

现代企业的竞争更多的是在服务和产品创新上的竞争,售后服务质量的高低也是企业在采购时应该对供应商进行评估的一个重要标准。

(四)成立评价小组

在采购中成立专门的评价小组,对供应商和供应产品进行相应的评估是提高采购效率和采购质量的重要环节。企业的每个部门都与采购活动有着紧密的关系,供应商的选择涉及企业的多个部门。对于技术需求较高的企业部门和采购项目来说,最好由部门专业人员与采购部门构成联合采购小组,以保证采购物资在产品性状和技术标准上的准确性。

(五)供应商参与

企业决定由供应商参与采购评估活动后,评估小组要和初步选定的供应商联系,并与他们达成合作评估意向与合作协议。供应商参与企业采购评估,在双方的协商下,能够最大限度地满足企业对供应产品的规格需求。

(六)评价供应商

评价供应商的一项主要工作是调查、收集有关供应商生产运营等方面的信息,如表 2-2 所示。

表 2-2　供应商基本信息调查表

供应商名称(户头):	盖公章
税号:	盖税号章:
企业曾用名:	

所属国家：		所属地区(省)：	
所属城市(市)：		联系人：	
邮政编码：		电子信箱：	
详细地址：			
联系电话1：	联系电话2：		传真：
财务信息：			
国家：	开户行：	银行账户：	
付款条件：	币种：	付款方式：	
企业概况：			
企业创立日期：		去年销售总额(万元)：	
企业固定资产(万元)：		流动资金(万元)：	

(七)建立供应商合作关系

由于市场需求的不断变化,在实施供应商合作关系的过程中,可以根据实际需要及时修改供应商评价标准,或重新开始供应商评价选择。在重新选择供应商时,应给予供应商充足的时间来适应这种变化。

第四节 供应链采购绩效评估

一、采购绩效评估指标体系

(一)采购价格绩效指标

这里的价格绩效指标主要是用来衡量采购的有效程度。在供应链管理的环境下,价格绩效的新增指标具体有以下两方面。

1.达成的目标价格

目标价格是确定外部客户愿意购买何种产品或服务,然后为组成产品和服务的零部件、装配件和系统分配特定的目标成本。目标价格用下面等式确定允许的成本:

$$目标价格-目标利润=允许成本$$

2.不同运营单位之间采购价格的比较

生产相同产品项目的工厂、部门或企业单位之间也可以进行实际价格的比较。这些比较提供了确定企业内采购价格差异的机会,说明了哪个单位获得了最优价格。比较活动也能帮助确定各单位间最经常进行的采购项目。

(二)采购工作量绩效指标

工作量绩效指标是全部工作的效率指标,主要是用来帮助管理者确定采购部门的工作量水平和提供人员安排表,工作任务的信息或人员增减理由。在供应链管理的环境下,采购工作量绩效指标具体包括以下三方面的内容。

1.准备进行的工作量

准备进行的工作量指标是指对一段特定时间内接收,但还没有进行或安排的工作进行简单计量。这些指标确定在一段时期内需要接受的新采购工作,具体包括接到的采购要求、接到的采购或工程变化的清单和接到的项目价格要求。

2.过程中的工作量

这是指确定采购中正在进行的工作的数量。所有还没有完成的工作都属于过程中的工作。这一类指标具体包括公开已有的采购要求、等待采购的项目以及公开采购的订单。这些指标有助于管理者了解目前大致的工作量水平。

3.已完成的工作量

这是指一段时间内采购部门完成的工作数量:包括已订购的采购订单、已采购的项目、已经订购的数额、已签的合同以及已经做的价格建议。这一指标有助于提供不同时点上采购活动的比较。

(三)采购效率绩效指标

这里的效率绩效指标主要用来衡量采购投入和采购产出的相关性,能帮助管理者确定资源消耗水平或确定完成采购任务的所需资源。在供应链管理的环境下,采购效率绩效的新增指标具体有以下两方面。

1.采购管理的前置期

采购组织关注采购管理的前置期,这里的前置期是指从得到采购需求到向供应商发出采购订单的时间。提供满足内部客户要求的服务是采购部门的职责。追踪前置期的效率是衡量采购部门服务水平的一种方法。

2.双因素指标

这种类型的指标包括一些联系采购部门的产出与资源投入的衡量指标。这些指标是产出对投入的比例或平均数。如每条项目生产线的工作时间、每份采购订单的工作时间、每份合同的行政费用、每个采购人员的总采购量、每个采购人员所保持的供应商数目或每个采购人员的采购运营费用。双因素指标必须把一定的产出与投入联系起来。

二、供应链绩效评估指标

（一）销售与生产的指标

销售与生产的指标主要是指企业在规定时间内销售的产品总数量与企业同一时间所生产的总数量之间的对比，这种对比也可以称为产销率。

产销率＝规定时间销售产品综述/规定时间生产总数

一般来说，销售的数量一般都是低于生产的数量，所以这个数值一般是小于或者等于1。

销售与生产的指标一般又可以分为三个指标。

（1）供应链上企业销售与生产的指标。供应链上企业销售与生产的指标主要反映了这个企业的经营情况。

（2）供应链核心企业销售与生产的指标。这个指标主要反映的是核心企业的生产经营情况。

（3）供应链上的销售与生产的指标。供应链上的销售与生产的指标主要反映的是在整体供应链环境下的销售与生产之间的比率，也同时反映了这段时间的经营情况。这个时间段可以为年，也可以为月，也可以为日。

（二）需求与生产的指标

需求与生产的指标主要是指在一定的时间内，企业所生产的产品总数量与其他企业所需要的产品数量之间的对比，一般可以称为产需率。这个指标又可以具体的分为以下两个指标。

1.供应链上企业需求与生产的指标

供应链上企业生产与需求的指标主要反映的是企业之间的供需关系，上游企业所需要的数量与下游企业所生产的数量的比较。按照公式进行计算，如果数值比较接近1的话，就能反映供应链中上下游企业的供需关系比较平衡,能够达到和谐的状态。相反,就说明上游企业与下游企业之间的供需关系不太协调,产品的准时交货率比较低。

2.供应链上核心的企业需求与生产的指标

供应链上核心企业生产与需求的指标主要反映的是供应链的整体情况,代表了整体的生产能力和市场的需求能力。所以说这个数值计算出来大于或者等于 1 的情况下,说明了供应链上的生产能力比较强,对于市场的变化反应迅速。如果这个指标的数值小于 1 的时候,说明了供应链上的生产能力不强,对于市场的变化反应比较迟钝。

(三)专利技术拥有比例

该指标主要反映了企业所拥有的专利技术水平,从而也反映了企业的主要竞争力,从数值上来看,越高说明企业的竞争力越强,相反,数值越低,说明企业的竞争力越弱。

(四)新产品开发率

该指标反映了供应链中的研发能力。数值越高说明企业的适应能力越强,研发能力越强,反之,企业的研发能力越弱。

(五)企业生产成本的指标

企业生产成本的指标主要是对成本的控制,从另一个角度也体现了供应链上的整体的管理水平。产品的价格并不是随意制定的,只有当产品的价格高于企业生产成本,企业才有利益可言。所以对于生产成本的控制需要从原材料、人力成本、运输成本等多方面进行计算,对企业生产成本的控制也是供应链绩效方面的一个体现。

(六)企业产品质量的指标

产品的质量关系到以后企业的发展,这里所说的企业产品质量的指标主要是指供应链中产品的质量问题,主要可以从产品的退货率、产品的合格率、产品的售后服务情况中反映出来。

(七)运营成本指标

运营成本指标主要反映的是为了维持运营所需要付出的成本,也反映出整体的运营情况,反映了供应链的管理水平,反映了各企业的经营效率,这个指标主要包括了以下两方面。

1.通信成本

通信成本主要体现在企业之间需要进行合作的通信费用。对于一般的企业来说,通信成本主要包括网站的维护、信息系统的研发费用、电话费用、传真费用等。

2.外部运输总费用

外部运输总费用主要是指产品在各企业之间进行运输的费用。主要包括交通费用、装卸货费用等。

三、改善采购与供应链绩效的主要途径

无论在哪方面寻求改善,通常都需要若干程序步骤去处理遇到的问题,对于大多数人来说,下列步骤都是合理的。

(1)使每个人意识到供应链需要持续的变动,并描述变动原因、可供选择的办法和对供应链造成的可能影响。

(2)考察当前的实践活动,明确它们的目标,识别目标完成情况,并找出问题所在和薄弱环节。

(3)使用基点法和其他比较方法,鉴定潜在的需要改善的方面和改善方法。

(4)利用相关人员的知识、技术和经验,设计、实施改善的程序步骤。

(5)为改善措施的执行效果,制定一套详细的计划,提前预见

可能出现的问题,而不是被动地等待它们发生。

(6)为每个人确定具有挑战性但又可以实现的目标,使他们明确这些目标如何才能实现。

(7)确定若干个阶段性目标,并监督其进展,以确保它们的实现。

(8)继续对取得的进步、仍存在的问题以及调整方案等进行评价。

该程序引入了持续性改善。当采用新方法时,必须意识到,它们仅仅是暂时的,并且将来会被其他更新的方法所代替。这通常(但并不是不可避免地)涉及一连串相对幅度较小的变动,它们可以由组织自身比较容易地吸收,几乎没有破坏性,不会导致重大问题的出现。但是,供应链有时需要更新,例如业务流程再造。

本章小结

本章首先对现代采购及其采购管理展开论述,在第一节中运用大量的篇幅阐述采购管理的相关知识,包括采购管理所涉及到的相关概念以及采购管理的作用意义。第二节着重论述采购成本方面的知识,力求使企业在采购成本方面用最少的投入实现最大的产出。第三节着眼于从采购活动的上游企业——供应商,从这一角度来讲述如何选择合适的供应商。第四节重点论述在采购活动完成后对其进行的绩效评估,用七个主要的供应链绩效评估指标来解释其具体过程。

第三章 供应链管理与物流库存

库存管理始终是企业生产经营过程中不可缺少的重要组成部分,是实现价值链增值的重要环节。在供应链管理体系中,库存是供应链管理的最大障碍。库存量的高低不仅影响着单一企业的综合成本,而且也制约着整个供应链的绩效。库存是企业管理者改善和优化供应链时必须考虑的重要问题。

第一节 库存与库存控制

一、库存的含义和作用

(一)库存的含义

库存是指仓库中处于暂时停滞状态的物资。这里的仓库指的是物流中的各个结点,包括生产企业中原材料的库存,半成品、成品的库存;也包括流通企业中的库存,比如车站、码头、超市中的货物均属库存范畴。另外库存形成的原因也是多样的,不一定是某种特殊的停滞,例如为生产而采购的原材料、由于未按需求生产而造成的积压、流通企业中未按需求而采购的超需求储备等。

(二)库存的分类

1. 在途库存

处于运输途中的库存,其存在是因为物料需要从一个地点运往另一地点,数量与运输距离和批量有关。运输工具起到流动中的仓库作用,此库存如能运用得好,可以减少库房占用面积,但到目前为止对它的研究很少。

2.周转库存

顾名思义这类库存是周而复始不断处于循环变化中。保证生产连续不断进行主要靠这类库存。因为,采购是分批次的,而不可能连续不断进行,在间隔期内就形成周转库存,采购间隔期等于周转期。周转库存可以发生在供应链的各个点上。周转库存控制决策与采购批量、采购频率有关,是库存管理的重点对象。

3.缓冲库存

因需求和供应的不确定性,为预防不确定性事件发生而采取的库存措施,称为缓冲库存。通常,安全库存是为了应对不可预见事件发生而建立的,也可以划归缓冲库存。减小不确定性是控制这类库存的工作思路。

4.预期库存

针对未来确定性需求而产生的库存。与缓冲库存不同,它们是为满足未来某个已知需求而准备的,仅仅是因为生产能力与需求之间的矛盾而不得不提前准备。但这是成本优化的结果。季节性库存是一个很典型的例子。这类库存决策比缓冲库存简单一些,但当市场需求波动大、竞争激烈时,未来需求难以确定,决策也是一件十分困难的事。如市场受气候影响很大,有明显的季节性,由于未来气候很难预测,企业每年在淡季都面临艰难的决策,确定最佳的库存量。

5.分离库存

在生产链的两个连接点处用库存将其分离,就形成了解耦库存。分离库存,其目的是使相邻的两个阶段分立,防止故障扩散,减小不必要的干扰。原材料、在制品、产成品的分离库存量与所处位置、持有成本有关，由生产流程的特点决定的。

（三）库存的作用

1.合理的库存是实现"第三利润源"的主要途径之一

采购物资时可以通过大量采购获得价格折扣，大批量采购导致大批量装运，大批量装运可以实现整批货物运输，而整批货物运输的运费率要比零担货运的运费率低许多，这样就可以降低运输成本；在生产中保持一定量的库存，在接到紧急订单不会导致紧急采购而付出加重成本的代价，同时也可以节约加班赶工费。一些企业面临原材料供应不稳定的情况，那么企业没有一定的库存会导致生产不能稳定，从而导致缺货。另外，企业保持了一定的库存可以视市场状况见机销售获得利润。

2.提高服务水平

随着市场竞争的日益加剧，企业只有提高服务水平才能保持和提高市场竞争力。及时交货成了衡量企业服务水平的重要标准。面对这种情况企业采取将成品库存靠近客户的策略以利于及时交货，防止缺货的发生。

3.提高风险应对能力

科学控制并把握库存能够将企业的风险控制在最小状态。合理的库存能够保证企业市场在发生变动时，企业第一时间对存货进行处理，减小企业的损失。

二、库存控制

（一）库存控制的意义

库存使企业的原材料供给、产品生产和市场销售等各个环节分离开来,每个环节都能够在一定的范围内,在不受其他环节影响的情况下单独进行。这使得需求误差的评估变得更加可靠,并可以有效地防止市场需求变化时的短时间内的供应需求。库存会产生成本,如果没有合理的管理制度与管理方法,库存不仅不能发挥其积极作用,还会大量增加企业的经营成本,影响经营的效率。

企业仓库中的存货是一种重要的企业资产,并且存货具有流动性,是企业现代物流中的一个重要组成部分。科学管理库存能够有效降低库存成本,降低库存损耗,提高企业物流运转的效率与经济效益,是企业物流管理的重要组成部分。企业库存管理是企业进行经营管理的重要决策依据,因为库存成本的降低对企业经营成本的减少也具有重要的意义。

从传统意义上来说,企业的库存主要是企业基本经营环节的一个缓冲,用来调节供给、生产以及产品销售之间的节奏。库存信息也只是对于财务部门具有一定的参考意义与参考价值,其他部门工作的开展与库存关系不大。

在现代物流中,企业库存的内涵得到了丰富和拓展,其作用比传统模式库存要丰富得多,库存管理的效率直接关系着企业的整体经营效率;库存资金占用情况以及存货是企业财务管理中的重要统计、核算的重要指标;企业库存量的多少和运行效率,是采购部门科学确定采购数量与采购时机的重要依据。

(二)库存控制的制约因素

制约库存控制的主要因素包括下面几个。

1.服务水平的需要

在客户的需求没有确定的情况下,大部分针对市场的行为都具有一定的盲目性,企业的经营决策不可能完全符合市场的需求。从这个角度来说,企业管理决策的最终目的就是根据已有的市场信息确定比较接近当前市场的服务计划。

2.客户需求的不确定性

客户需求的不确定性是多重因素共同作用的结果,客户的需求具有不确定性,我们永远无法确切知道下一个市场切入点在哪儿。顾客心理的突然变动,可能会对客户的需求造成比较大的影响。就当前的客户需求来说,大多是在历史需求以及当前市场变化的分析基础上所进行的预测。

3.仓库储存的产品种类数

市场需求各种各样的产品,在有限的市场信息和经营局限下,企业不可能明确市场所需的确切商品,更难以确定市场需求的具体数量,因此科学的利用库存对调整企业的产品供给数量和提高市场变动时的缓冲有很大的作用。

4.补库提前期

在企业发出订单时,库存补充的提前期可能已经明确,也可能仍然没有明了。这受到诸多因素的影响,比如信息的传递、企业产品生产周期、地理位置与运输条件等。

5.运输

运输具有较大的风险性和不确定性,库存货物在运输的过程中可能会发生某些预想不到的变化或意外,这也为企业进行库存控制带来了不小的影响。

6.信息处理能力

企业的库存管理必须纳入信息管理平台之中,与其他功能单位的信息相互融合,才能帮助信息的使用者更好的发现问题,并为决策者提供解决问题的依据。信息处理能力的高低与强弱关系着物流和库存管理决策的科学性,也就是说企业的信息处理能力对去企业库存控制具有影响。

7.管理

管理和信息都是一般性的要素。企业的库存控制不可能仅仅只靠某一个环节的优化和努力就能显现出效果。库存和物流供应链是一个有机的整体,只有同时参与物流流通的每一个环节都提高自己的管理水平,才能促进整体工作效率的提高。

8.资金

库存需要占据企业的资金,如果企业的资金短缺,那么库存所要缴纳的基本费用就会受到影响。这必然会对企业库存管理乃至整条物流供应链的运作产生影响。

9.价格和成本

企业库存控制也会产生一定的成本,只有科学控制企业库存的成本、保证企业以最小的控制成本取得最佳的管理效果,才能最大程度的提高企业库存管理与控制的效率,提高经营效益。

(三)库存控制的衡量指标

库存控制中有很多方法可以对库存的控制水平造成影响,综合来说具有普遍意义的衡量指标主要有以下三个。

1.平均库存值

企业的平均库存值是指,企业在某一个经营区间内产生的所有的库存资金的总量。企业平均库存值是一项重要的库存数据指标,它能够反映企业在该时期内库存资金占用的基本状况,并且它还能反映出造成库存成本的库存货物。

2.可供应时间

可供应时间是指企业仓库内的产品能够满足当前市场需求或供应需求的时间。这一指标的计算公式为:

$$库存可供应时间 = \frac{平均库存值}{库存时间}$$

可供应库存时间是衡量企业库存质量的一个重要指标。库存时间的合理与否,直接关系着企业在市场变动时的产品供给能力,是企业实力的一种体现。

3.库存周转率

库存周转率也是衡量企业库存质量及其科学性的重要依据,企业的库存周转率是其经营运作效率的重要体现。一般来说,如果企业的库存周转率越高,那么意味着企业库存的管理效率越高,也同时意味着企业物流和整体经营运作的整体效率越高,因为库存是生产—销售的连接点。

第二节　供应链环境下库存控制存在的问题

一、缺乏供应链的整体观念

虽然供应链的绩效与各个供应链环节和节点的绩效有十分密切的联系,但是目前的供应链合作中各个企业的绩效仍然是独立的,供应链合作企业都以自身的利益为基准进行行为取舍。因此,有时企业与供应链运行整体目标发生冲突,企业往往会采取牺牲整体利益,保护自身利益的做法。这种缺乏整体意识的行为对供应链整体绩效的提高有着严重的阻碍作用。

一般来说,企业的供应链系统都不会专门对全局性的供应链评估指标进行设定,这不是个别现象,而是在我国供应链合作管理中存在的普遍问题。在一些企业中,库存的周转率被企业当作衡量库存管理绩效的唯一指标,显然这是不合理的,得出的结果也不能令人信服。

二、对用户服务的理解与定义不恰当

供应链绩效的好坏通过用户的评价与具体的数据来说明,这种做法有可取之处也有局限之处。其局限之处在于用户的着眼点不同造成其使用评价的差异,不能准确地衡量供应链服务质量的高低;用量化的数据来进行供应链绩效的说明,这种做法比较可取,当然前提是选取准确的绩效评估指标。

在传统库存管理中,用来衡量库存绩效的标准比较单一,忽视了一些在库存起着重要作用的因素,这种做法对库存绩效评估的科学性产生了很大的影响。

三、不准确的交货状态数据

当顾客在购买商品的时候,他们对货物具有一定的期待感,希望能够尽快收到自己购买的货物。在等待商品到达的过程中他们会多次对商品的物流进度进行查询,如果物流服务不能很好地满足消费者的期望,花费过多的时间才到达顾客的手中,他们会对物流服务商的服务印象就会大打折扣;如果这种状况多次出现的话,那么顾客就会选择其他物流服务商,当然顾客的行为和遭遇也会对其周围的同事和朋友产生影响。

四、低效率的信息传递系统

在供应链中,不同的供应链节点之间需要进行需求预测,以保证库存的数量维持在一个最佳的状态,保证企业能够从容应对市场需求的突然变化。要做到这一点需要对用户的需求做出迅速的反应,这不仅需要供应链合作企业之间建立起良好的信息交流与共通机制,而且对库存量的供应能力和需求调节能力也是一个很大的考验。但是,就目前的供应链合作来看,我国供应链合作企业并没有建立起有效的信息联动机制，也没有供应链整体需求的库存预测。这两个要素的缺乏使得我国供应链合作的抗风险能力很差，一旦市场需求出现变动整个供应链上的企业都会受到影响。

五、库存控制策略简单化

无论是生产性企业还是物流企业，控制库存的目的都是为了保证供应链运行的连续性和应付不确定需求。了解和跟踪引起不确定性状态的因素是第一步，第二步是要利用跟踪到的信息去制定相应的库存控制策略。这是一个动态的过程，因为不确定性也在不断地变化。有些供应商在交货与质量方面可靠性好，而有些则相对差些；一些物品的需求可预测性大，而另外一些物品的可预测性小一些；库存控制策略应能反映这些情况。

许多公司对所有的物品采用统一的库存控制策略，物品的分类没有反映供应与需求中的不确定性。在传统的库存控制策略中，多数是面向单一企业的，采用的信息基本上来自企业内部，其库存控制没有体现供应链管理的思想。因此，如何建立有效的库存控制方法并能体现供应链管理的思想，是供应链库存管理的重要内容。

六、缺乏合作与协调性

供应链是一个整体，需要协调各方活动才能取得最佳的运作效果。协调的目的是使满足一定服务质量要求的信息可以无缝地、流畅地在供应链中传递，从而使整个供应链能够根据用户的要求步调一致，形成更为合理的供需关系，适应复杂多变的市场环境。例如，当用户的订货由多种产品组成，而各产品又是由不同的供应商提供，用户要求所有的商品都一次性交货时，就必须对来自不同供应商的交货期进行协调。如果组织间缺乏协调与合作,会导致交货期延迟和服务水平下降,同时库存量也会因此而增加。

供应链的各个节点企业为了应付不确定性,都设有一定的安全库存,它是企业采取的一种应急措施。问题在于,大多厂商特别是在全球化的供应链中,组织的协调涉及更多的利益群体。如果他们相互之间的信息透明度不高,那么企业将不得不维持一个较高的安全库存,并付出较高的代价。

七、产品的生产过程设计没有考虑供应链上库存的影响

现代产品设计与先进制造技术的出现,使产品的生产效率大幅度提高,并且具有较高的成本效益;但是供应链库存的复杂性常常被忽视了,结果所有节省下来的成本都被供应链上的分销与库存成本给稀释了。同样,在引进新产品时,如果不进行供应链的规划,也会产生如运输时间过长、库存成本高等问题而无法获得成功。

在供应链的结构设计中,同样需要考虑库存的影响。要在一条供应链中增加或关闭一个工厂或分销中心,一般要先考虑固定成本与相关的物流成本,至于网络变化对运作的影响因素,如库存投资、订单的响应时间等常常放在第二位,但是这些因素对供应链的影响不可低估。

第三节　供应链管理下的库存策略

一、供应商库存管理

供应商库存管理作为一种库存管理模式,改变了传统库存管理的理念和运营模式。

（一）供应商库存管理的概念

供应商库存管理（vendor managed inventory，VMI）是建立在与供应商达成战略合作伙伴基础之上的一种合作性库存策略，它具有完整的系统性，是一种集成化的现代库存管理模式。在供应商库存管理模式下，上游组织可以利用自己在信息获取中的优势地位来对库存的实际承担者进行库存管理上的指导，双方共同参与、相互合作，将库存管理和运行的效率最大化。

在供应商库存管理之中，库存管理合作的双方已经在经营的目标上达成一致，具体的库存管理工作由供应商完成，作为上游企业的采购商则利用自己的获取市场供求信息的便利性，对相应的管理工作提出建议和改进。双方在合作的工程中实现了信息的共享，供应商可以利用采购商的信息管理系统获取自己所需要的决策信息，采购商也可以通过供应商的信息管理平台了解库存管理的基本信息，以便对生产进行调整。

供应商库存管理模式打破了传统库存管理各自为政的局限性，使库存管理成为一个具有高度合作默契和信任度的联合工作，这是现代集成化管理思想的基本体现。在供应商管理库存中，现代信息技术发挥了重大的作用，可以说信息化是供应商管理库存能够正常运作的技术基础。如果没有现代信息设备和信息技术的支持，供应商与采购商根本不可能实现即时的数据共通和信息共享。

（二）实施 VMI 的要求

实施 VMI 要求企业内部与企业之间建立紧密的合作关系，主要表现在：

1. 企业内部紧密合作

库存管理的实际承担者——供应商，要根据库存管理的特点和具体情况与采购商内部的相应管理部门进行紧密的联系，双方共同协商、科学决策,既要保证正常的库存供应能力,又要避免因为存货量不合理而导致的库存积压问题。

2.企业之间紧密合作

原材料的供应商、产品制造商、经销商之间是一个完整的供应链条,彼此之间只有建立起紧密的合作关系,才能将供应商库存管理的阻力降低至最小。在库存管理中,供应商、制造商和分销商之间有必要建立起长期的战略合作货盘关系,彼此之间的信任也是保证库存管理正常运行的一个重要元素。此外,在合作过程中不同物流环节的企业要本着真心合作的原则参与整个库存管理活动,保证信息传递的及时性、保证信息的真实性、尊重合作伙伴的经营利益,只有这样才能保证各企业的无嫌隙合作。

(三)供应商管理库存的模型

VMI 在供应链管理中具有集成化管理和营销的功能,如图 3-1 所示。

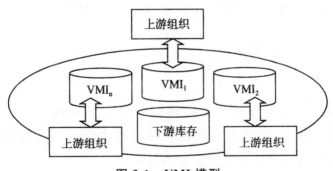

图 3-1　VMI 模型

采用 VMI 策略要求合作企业之间建立牢固、可靠的战略合作联盟,并共享企业的信息。一般来说,实施 VMI 的主要内容包括以下几个方面。

1.确定核心企业

在供应商库存管理的合作中,综合实力较强的企业要在合作中发挥自己的主导地位,确立自己核心企业的地位。一般来说,核心企业都是由制造商担任的,但是并不排除由供应商或者经销商作为核心企业,主导合作的情况。

2.制定框架协议

库存管理合作的各个企业之间要根据我国相关法律和市场法规范签订合作框架协议,这是对彼此利益的尊重,是对不同利益主体的法律保护,也是库存管理不可缺少的一个重要环节。一般来说,框架协议的内容主要包括,订货数量、规格、交易的地点以及信息的传递方式等。

3.信息系统标准化

现代信息系统是库存管理合作企业之间的能够实现合作的基础,通过信息化彼此之间可以实现信息的交流与共享,减少很多不必要的麻烦,并且能够有效地降低库存管理的成本。在信息的交流与共享之中,制定合理的信息标准能够有效地减少合作企业信息交流的阻碍,提高信息交流、共享与利用的效率。

4.完善物流系统

企业自身物流系统的完善性以及运行的流畅性也对库存管理合作的管理效率有着重要的影响。为了更好地在合作库存管理中获得经营效益,每个合作企业都要对企业自身的物流管理系统进行优化与完善,保证其运作的效率。

(四)实施 VMI 的几种形式

1."制造商—供应商"VMI 模式

这种模式的供应商库存管理一般出现在制造商作为上游企业的库存管理合作之中,在这种合作模式下制造商可以按照框架协议的内容对供应商及其客户进行 VMI 管理,如图 3-2 所示。

在该模式库存管理合作中，VMI 的主导企业即库存管理的核心企业，对其所负责的客户库存进行管理。实施这种合作模式的前提是供应商具有相当的实力和规模，能够很好地担负起自己职责。因此在这种模式的合作中，供应商的实力是决定合作是否能够成功的基本条件。如果供应商的实力不够或者管理经验不足，采取这种形式的合作很可能会对合作双方的利益都造成损害。一般来说，采用这种合作模模式的供应商都是行业内的龙头企业，无论是在经济规模还是在管理上都处于领先的地位。

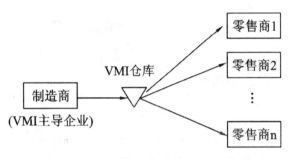

图 3-2 "制造商—供应商"VMI 模式

2."供应商—制造商"VMI 模式

这种模式通常存在于制造商是供应链的下游企业的情况下，在这种管理模式中，制造商可以根据框架协议的相关内容对自己原材料的供应商进行合作库存管理。如图 3-3 所示。

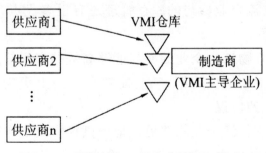

图 3-3 "供应商—制造商"VMI 模式

3."供应商—3PL—制造商"VMI 模式

为了克服第二种库存管理模式的不足之处,人们逐渐开发出了一种新的供应商库存管理模式,即"供应商—3PL—制造商"这一具有三个合作环节的 VMI 模式。简单来说,这种模式就是将第三方物流企业引入库存管理合作之中,具体如图 3-4 所示。

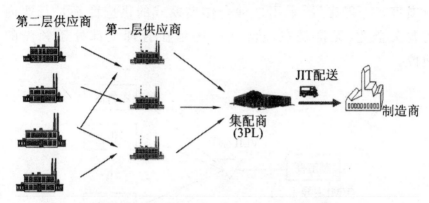

图 3-4 "供应商—3PL—制造商"VMI 模式

第三方物流企业作为专业的物流企业,无论是在基础设施的配备上还是在具体的运作与规划上,都具有很强的专业性。因此,在第三方物流企业的参与下,可以充分利用其基础设施和专业的管理运作经验,对库存货物进行统一的集中管理。在这一模式下,库存管理形成规模效应,在现代管理方式的促进下能够有效地降低管理成本,其具体流程如图 3-5 所示。

第三方物流企业参与的库存管理还有很多优点,主要体现在以下几个方面。

(1)第三方物流为企业的参与能够高效的实现信息共享。

(2)处于中立地位的第三方,能够在时间上更为灵活地与合作企业签订框架协议。

(3)第三方物流企业能够更好地提供物物流合作服务。

服务外包是现代企业发展的一个重要确实,因为服务承接企业的专业性能够极大地提高企业该工作的效率。在第三方参与的库存联合管理中,达成合作的最终阻力来自企业,主要观点有三个。

（1）很多管理者对第三方企业是否能够高效地完成外包工作并不乐观。

（2）企业管理者担心第三方企业能否保证企业共享的相关信息的安全性。

（3）有一部分管理者认为，长期依赖第三方企业完成企业物流工作，会对企业整体经营的稳定性和安全性产生影响。

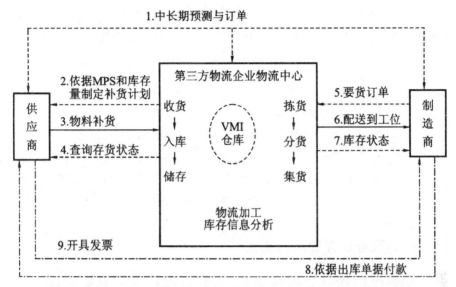

图 3-5 基于第三方物流企业的 VMI 信息流和物流传递示意图

二、联合库存管理

在供应链库存的联合管理中，企业之间体现了紧密的合作关系，对于供应链整体的协调性起到了积极的作用。

（一）联合库存管理的定义

联合库存管理（joint managed inventory，JMI）的基础是协调，通过不同合作企业之间的功能和地位协调，从而实现高效率库存管理。联合库存的提出具有一定的针对性，它是为了解决供应链体系中的牛鞭效应而为人们所采用的。

联合库存管理强调的核心是供应链合作的不同企业要同时参与管理计划的制定,在共同商议的基础上对库存管理的相关内容进行讨论和决策。联合库存中的每个合作企业都要尊重其他企业的合理利益,对处于不同位置和不同环节的企业需求进行科学的预测。这样做目的是消除在库存管理中需求突变并且数量波动大的情况出现,在平稳运作的基础上,提高库存管理的效率。在库存管理中,库存管理的各个企业不再各自为政,而是作为不同环节的连接点在管理链条中发挥自己的作用,如图 3-6 所示。

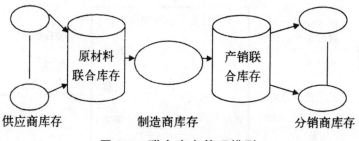

图 3-6 联合库存管理模型

(二)联合库存管理的优点

与传统的库存管理模式相比,联合库存管理具有独特的优点,具体来说有以下几个。

(1)各个企业的合作和协调使得供应状态处于稳定水平,为实现供应链的同步化提供了实现的基本条件。

(2)联合库存管理使供应链中的需求水平处于稳定状态,降低了各个企业在库存管理中的风险。

(3)在联合库存管理中,库存可以作为纽带将不同物流环节的企业联结在一起,双方的交流和协调能够有效地发现库存管理中存在的问题,提高库存管理水平。

(4)科学的库存量将企业库存的占用资金降低了到最小,如果规划合理甚至可以实现零库存管理。

(5)联合库存管理必须依靠信息的交流与共享,这即增强了各企业决策的科学性,又降低了管理风险。

为了发挥联合库存管理的作用,供需双方应从"双赢"的精神出发。建立供需协调管理的机制,明确各自的目标和责任,建立合作沟通的渠道,为供应链联合库存管理策略提供有效的机制。

(三)联合库存管理的实施

联合库存管理是一种新型的库存管理模式,其核心思想是通过交流、协调与互动,科学的确定库存指标,将库存控制在最合理的水平。这是一种能够有效提高库存管理效率,降低库存管理风险的现代化库存管理模式。

在图 3-7 所示的协调管理机制中,可以进一步分析联合库存管理的实施方法。

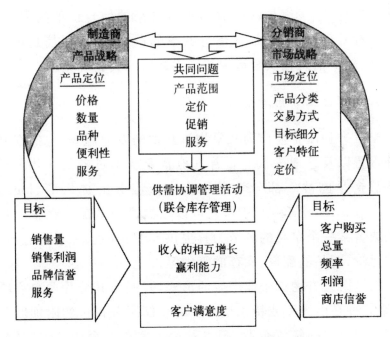

图 3-7　供应商与分销商的协调管理机制

联合库存管理具体的实施方法如下。

1.建立共同合作目标

在联合库存管理中,合作的双方必须要尊重彼此的利益。双方只有在互利互惠的基础上,确立共同的目标,才能更好地进行合作,提高库存管理的效率。

2.建立联合库存的协调控制方法

合作企业共同成立的一个联合性的合作调节与管理部门称为联合库存管理中心,它在联合库存的管理中起着极为重要的作用。因为它担负分配企业利益、协调管理合作的重要职责,可以说该管理中心工作质量的高低会直接影响到联合库存管理质量的高低。

3.建立一种信息沟通的渠道

为了获取供应链运作所需要的信息,并保证信息供应的一致性和稳定性,减少多层次信息需求所带来的信息价值的损失,在联合库存管理中,应该加强信息共享的透明性,增强信息传播的标准性,较少信息在反复运用与传播之后的失真现象。

4.发挥第三方物流企业的作用

第三方物流企业作为从事物流互动的专业组织,他们在基础设施设置以及管理技术上有着其他企业所不具备的优势。第三方物流企业也被一部分学者称作物流服务的提供商(logistics service provider,简称 LSP),它可以根据客户的需求在整个物流链条或者某一个单独的环节为其提供专业化的服务,比如企业产品的运输、商品的配送、库存的管理等。

根据第三方物流企业产生的形式,我们将其分为两个主要类型:第一种是由大型或特大型企业的仓储服务提供的附加服务逐渐演变为独立的物流企业;第二种是一些制造企业,在自己原来的销售网络基础上逐渐演变成独立开展物流服务的企业。

企业将自己的物流需求外包给专业的物流企业,能够解放企业的人力和物力,使企业有更多的精力投入到其他工作的开展当中;且物流企业专业化的物流运作,与将大大提高企业物流的整体运行效率。第三方物流企业的加入可以为企业带来很多的好处,我们可以从图 3-8 中得到一些启示。

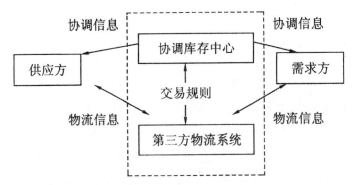

图 3-8　第三方物流系统在供应链中的作用

三、协同式供应链库存管理

(一)CPFR 的概念

CPFR 是一新型的供应链库存管理策略,其核心思想是协同管理。协同管理式的库存管理能够有效地降低销售商的库存量,降低库存成本,并且不会影响库存的供给能力。

CPFR 最大的特点是能够对销售情况变动带来的库存量的波动进行准确的预测,这一特点使得 CPFR 始终能够将销售商的库存量控制在一个最优的范围之内,既不会影响市场需求突然增大产生的供应能力不足,也可以避免因市场需求突然萎缩带来的库存大量积压。CPFR 以全局的眼光审视库存管理活动,并能够兼顾企业物流的各个环节,是一种综合性的库存管理策略。

(二)CPFR 的特点

1.面向客户需求的合作框架

在 CPFR 结构中,合作伙伴所达成的合作框架以及他们的运行规律,是针对客户的需求以及企业物流活动的增值能力发生作用的。在供应链库存管理的合作中,不同物流环节的企业在运营特点、企业规模、竞争能力以及信息化的程度方面都会有所差异，只有找到共同的合作基础才能在此基础上进行一致性的协调。

2.基于销售预测报告的生产计划

销售商和制造商虽然都和商品销售有着密切的联系，但是二者对待市场的态度却有着很大的差异。销售商是商品销售的最终环节，它们将制造商生产的产品销售给顾客，他们可以掌握第一手的市场信息和顾客反馈意见，并且根据这些信息对产品的需求进行准确的预测，这是销售商在库存管理合作中的最大优势。制造商与销售商保持密切的联系，双方共享着些信息，制造商能够通过这些信息对自己的生产计划进行科学的调整，也能够根据顾客的反馈对产品进行完善和创新，这对销售商也具有很大的好处。

在供应链的合作中不只有一家企业，每个企业都可以在不涉及自身经营秘密的情况下，将自己所掌握的信息分享给其他的企业或者部门，并以此为基础形成一份综合性产品销售、生产预测报告。供应链中成员企业可以根据这一报告来合理安排自己的工作计划，实现集成管理，如图 3-9 所示。

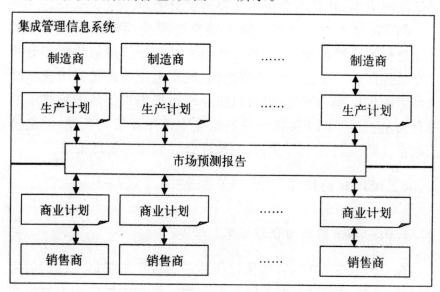

图 3-9 制造商和销售商集成系统模型

（三）CPFR 供应链的实施

CPFR 供应链管理策略，注重强调信息资源利用的一致性和信息共享机制的透明性，CPFR 可以满足供应链在不同层次的功能需求和管理需求。

1. CPFR 供应链的体系结构

以 CPFR 概念为基础建立的供应链体系结构分为四个功能层，如图 3-10 所示。

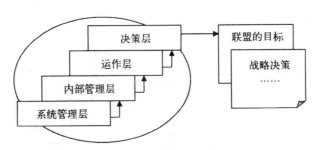

图 3-10　CPFR 供应链的体系结构

（1）决策层

决策层是指合作中的企业领导层，其主要的职责是企业战略联盟的合作目标、战略联盟工作开展的具体流程、联盟内部信息交流与共享的基本制度等。

（2）运作层

运作层主要负责的是既定方案的具体实施，简单来说就是负责既定计划的业务实现，他们的主要职责包括制定具体的实施计划、对产品需求进行预测等。

（3）内部管理层

内部管理层主要是指在合作中负责企业内部运行与协调的职能人员或职能部门，他们在合作中需要承担产品的分类管理、货物装运以及库存出货等工作。

（4）系统管理层

系统管理层在协同供应链库存管理中也是一个必不可少的

工作层面。系统管理层主要从整体着眼为整体合作创造一个良好的环境,并负责相关的维护工作。

2. CPFR 供应链的实施步骤

CPFR 可以根据如图 3-11 所示的 9 个步骤来实现。

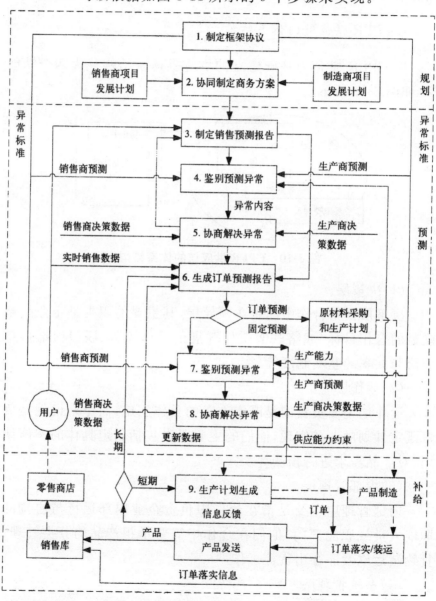

图 3-11　基于 CPFR 的供应链运营模型

（1）制定框架协议

框架协议是合作各方共同遵守的行为准则，是共同合作的基础。一般在协同供应链物流管理中，框架主要是对合作各方的合作期望、合作需要利用的资源、彼此合作的目的、为合作伙伴的保密协议以及使用合作联盟相应资源的授权等。框架协议的内容必须全面而准确，它是合作各方从合作联盟中获取合法利益的基本依据，是各合作企业权益的基本保障。

（2）协同制定商务方案

销售商和制造商都掌握着重要的信息资源，这些信息往往被用来制定企业的生产和销售计划。在非战略合作的条件下，供应链企业各自为政，这些信息的利用远没有达到其应该达到的水平。在协同供应链库存管理模式下，销售商和供应商将所掌握的信息进行共享和交流，这极大地提升了双方参考信息的全面性，能够帮助企业更好地进行管理决策。

（3）制定销售预测报告

销售预测报告是协同式供应链库存管理的重要组成部门，它是在综合各种信息的基础上所进行的全面科学的销售状况预测。供应链库存管理的合作企业可以通过销售预测报告对自己的工作计划进行有针对性的调整，提高供应链库存管理的科学性。

（4）鉴别预测异常

企业销售预测报告是具有极高参考价值的综合信息分析报告，但在使用的过程中企业要根据企业的实际情况合理运用相关信息，并且对其中一些不符合企业自身状况信息资源进行筛选与甄别。

（5）协商解决异常

对于在协同管理中出现的一些异常因素，供应链合作企业之间需要进行及时的沟通与交流，在讨论与协商的基础之上对相关的异常项目进行排除，保证合作工作的顺利开展。

（6）生成订单预测报告

综合实时及历史销售数据（POS）、库存信息及其他信息来生成具体的订单预测报告。订单的实际数量要随时间变化,并反映库存情况。报告的短期部分用来编制生产指令,长期部分则用来规划。订单预测报告能使制造商及时安排生产计划,同时也让销售商感到制造商有能力及时发送产品。

(7)鉴别预测异常

在合作工作开展的过程中,供应链合作成员要根据具体情况对一些项目所做的预测进行异常性的鉴别。

(8)协商解决预测异常

解决办法和第(5)步类似。

(9)生产计划生成

在对各种信息和工作步骤进行科学的检测并确定没有异常之后,就可以依据相应的信息进行生产计划的制定,辅助企业开展相关的工作。

本章小结

本章主要讲述与供应链管理相关的物流库存方面的内容:第一节对库存与库存控制方面的基础知识进行概念阐述;第二节着眼于供应链环境下的库存现状,对当前存在的库存控制方面的问题进行探究;第三节针对上一节提出的问题,提出了有效的库存策略。思路清晰,结构严谨,有助于读者更好地掌握供应链管理与物流库存的相关知识。

第四章 供应链管理与物流配送

物流配送是现代电子商务发展中的重要影响因素之一,并且直接制约电子商务的进步。本章将结合物流配送的基本概念,详细研究物流配送系统的作业流程、组成部分、特点、目标以及规划,并对物流配送成本的优化和物流配送系统的绩效评估进行深入的讨论。

第一节 配送及其作业流程

配送是由送货演变而来的物流形态,但是又不仅仅是单纯的送货,其更强调满足客户的具体需求。配送是指按照客户的需求,本节将重点对物流配送的内涵以及作业流程进行介绍。

一、配送概述

物流的配送过程是指货物供应商根据客户的具体需求,在完成理货工作之后,将客户所需的货物送至客户手中。配送在现代物流系统中是一个非常关键的环节,直接影响物流系统的进程。

(一)配送的含义

货物配送是社会化大生产和商品经济高度发达条件下的一种先进流通方式。配送的概念既不同于运输,也不同于旧式送货,而有着物流大系统所赋予的特点。

无论是学术界还是企业间，对于配送的概念都有不同的理解，表述方法也多种多样。例如，在轻工业比较发达的日本，工业领域将配送表述为："将货物从物流节点送交收货人。"而在1991年，专门关于物流研究的《物流手册》是这样表述的，生产厂到配送中心之间的物品空间移动叫"运输"；从配送中心到顾客之间的物品空间移动叫"配送"。

我国学者对于配送的经典表述是：配送是以现代送货形式实现资源最终配置的经济活动；按用户订货要求，在配送中心或其他物流节点进行货物配备并以最合理方式送交用户。

我国国家标准《物流术语》(GB/T18354—2006)是一本专门针对物流配送的读物，其中，关于配送，做出这样的判断，即遵循用户为上的原则，在一定范围之内的经济区域，根据用户的具体要求，对物品进行拣选、加工、包装、分割、组配等作业，并按时送达指定地点的物流活动。

（二）配送流程的增值潜力

配送作为物流系统的重要环节，具有很强的发展和增值潜力。配送流程的增值潜力具体表现在以下几个方面。

1.减少库存

配送的流程有助于减少供应商的库存量，从而提高企业的库存管理效率，降低库存管理成本。

2.降低采购和生产费用

由于配送系统的不断优化，配送线路的不断改进，订货的客户可以采取联合集中订货的方式，降低用户采购货物的成本，从而有利于产品生产成本的下降。

3.形成规模经济

通过配送流程，可以有效提高货物的运输效率，从而推动运输规模经济的形成,进而缓解城市的交通拥堵和环境污染现象。

(三)配送的市场需求

随着物流系统和市场经济的发展,市场对配送活动提出了更多的需求,具体表现在以下几个方面。

(1)企业生产经营的改变催生了工业对配送活动的需求。

(2)规模经济的发展产生的连锁现象对配送活动产生了商业的需求。

(3)随着消费方式的改变,大众也对配送活动产生了不同的需求。

(4)随着电子商务的迅猛发展,网上购物量的增加也产生了现实配送的需求。

(四)配送活动的基本任务

配送是一系列狭义物流活动的集成,是一项高水平的商业活动,这项商业活动中包括了对配送组织的确定以及对配送途径的规划。配送活动是物流系统中最重要的环节之一,促进了商流和物流的紧密结合。具体来说,配送活动的基本任务如图 4-1 所示。

(五)物流配送的基本理念

物流配送的基本理念主要有以下几部分。

1.快速反应

快速反应是指在配送过程中,配送方对物流和信息流变化的反应能力很高。具体流程见图 4-2。

2.连续补充库存

连续补充库存是指通过供应链管理库存的方式对买方的库存进行连续的补货,以免在生产过程中出现缺货的现象。供应链管理库存是一种卖方通过降低库存成本、压缩库存量的方式来对买方的库存进行管理的技术。

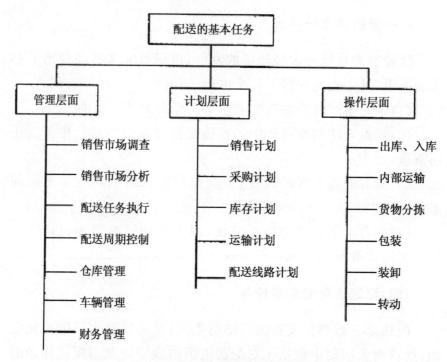

图 4-1　配送活动的基本任务

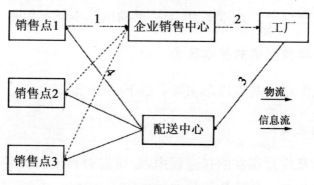

图 4-2　配送活动的具体流程

3.有效客户反应

　　有效客户反应是指通过买卖双方的信息共享,实现对市场和客户的需求进行有效反应,从而提高消费者需求的目标。在这种理念下,产销双方拥有一致的目标,在竞争中注重合作是重要的基础。

4.越库作业

货物的越库作业是指为了满足客户的需求,配送企业在一个复杂的物流系统中为构造新的运输单元而进行的一系列的解体活动。采用越库作业的方式,货物在运输过程中就省去了进入库存的步骤,从而对降低库存成本,提高物流系统的运输效率产生了积极作用。

二、配送作业流程

配送业务的具体流程主要包括进货、装卸搬运、仓储、订单处理、拣货、补货、配货、送货等多个步骤。图4-3就是配送业务一般的作业流程。

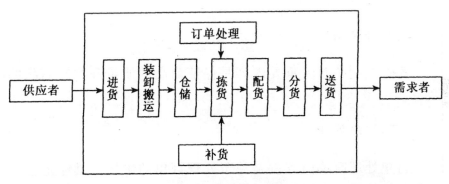

图4-3　配送作业流程

(一)备货

备货是配送活动的基础和前提。备货主要包括筹集货源,并对货物进行采购、验货、收货等过程。备货对整个配送活动都有着重要的影响,备货成本的多少直接影响了配送效率的高低。

(二)储存

配送活动中的储存是指按照一定时期的经营要求,对配送资源的保证。在物流的配送环节,库存管理主要包括三方面的内容。

1.进货入库作业管理

进货入库作业管理为整个商品的配送流程打下了基础。商品在入库之后,就统一归配送部门进行管理,因此在入库时,进货人员要对商品在质量、数量、规格等方面进行严格的检查和审核。此外,进货人员还要对企业的进货量、可用库存空间等情况进行详细掌握,同时,及时同企业各部门人员进行沟通。

2.在库保管作业管理

库存商品的在库保管作业管理主要包括几个方面的内容,首先是加强对商品的养护工作,保证商品的质量,避免商品在储存期间发生价值损失的问题;其次是加强对储存空间的管理和优化,促进库存的合理化。

3.库存控制

库存控制的两大重要内容是保证商品的质量和控制商品的数量。

(三)订单处理

订单处理简单而言就是关于处理订单的事情。具体是指一个企业从接受客户订单开始到将货物送至客户手中,在这整个过程中,企业有权也有义务对所有预订单相关的信息进行管理,而这个工作就是订单处理的工作。订单处理具体包括:对用户订单和配送需求的记录和理清;核实核对库存情况;下达关于分拣、组装、输送货物的指令;登记账簿;通知用户以及办理结算几大部分的内容。

(四)分拣及配货

分拣和配送可以说是物流配送的一个重要特征,是其他物流形式所没有的工序。同时,它也是一项重要的支持性工作,直接影响着配送活动的成败。分拣和配货为配送活动提高运输效率提供了保障,是送货形式向高级发展的必然结果。

(五)配装

配装一般发生在当单独的用户配送数量与车辆能负载的重量不成正比的情况下,在这种情况下,不仅要对所要运载的货物总量做一个统计,而且要对订货需求进行合理的搭配和装载,以达到尽可能提高配送效率的目的。

(六)输送

输送是配送活动中相当处于末端的作业流程,配送活动中的输送同普通的运输有着很大的差别。首先,配送活动中输送使用的交通工具通常为卡车;其次,配送中的输送一般都会选择普通的干线运输中没有的线路进行运输;最后,配送运输中的输送一般都是在小区域内进行短距离、频度高的运输。

(七)送达服务

仅仅完成货物的输送工作还不能算配送活动的完成,因为配送方将货物送达并不意味着用户立刻就能收到货物,因此,要完成完整的配送活动,就要实现从货物的运达到用户的接收的过程,这就要求企业对配送活动加强管理,严格执行用户的订单要求。此外,在进行诸如大件货物的配送活动时,要注意做好货物的卸载和安装工作。

(八)配送加工

配送加工是流通加工的一种形式,但是又不同于普通的流通加工,是为了满足用户需求而存在的一种目的较为单一的加工形式。

（九）回程

回程就是运输工具完成配送任务回来的过程。在回程中，一般情况下，车辆都是空驶的，但是这样会大大降低运输效率。因此，为了提高运输效率、降低运输成本，可以对车辆的回程进行管理。具体方法是，回程车可以将包装物、废弃物等运回仓库进行集中处理，此外，在回程经过的路线上，可以设置若干货物联络点，使回程车辆顺路带回一些货物，减少空驶的情况。

三、配送系统的构成

配送系统是一个复杂多变的系统，主要由四部分的要素构成。

（一）配送主体

配送主体就是指在配送系统中具体实施配送活动的组织，配送主体是配送系统中最基本的要素。配送主体一般包括专业的配送公司和企业专门的配送部门。配送主体的能力在很大程度上决定了配送活动的效率和服务水平，因此，要充分发挥配送主体的主观能动性，实现配送系统的合理化。

（二）配送客体

有了配送主体，当然就有配送的客体，配送客体就是在配送活动中具体被运输的产品。配送客体是特定的针对用户需求的产品，而不是独立的产品。配送活动的具体方法和作业流程取决于用户需求产品的特征。

（三）配送环境

配送环境是指在配送活动的具体实施中面对的客观环境。配送环境包括多方面的内容，如城市的交通状况、车辆状况、人员等等。配送是一种外向的物流服务,因此离不开客观环境的影响。

(四)配送设备

配送设备就是指在具体配送活动的实施过程中所使用的设备,包括运输车辆、装卸搬运设备、分拣设备等等。配送设备的选择取决于配送对象的特点以及客户的具体要求。

四、配送系统的特点

配送系统的特点主要表现在以下五个方面。

(一)是小型的物流系统

配送是物流系统的一个组成要素,但同时配送也是一个完整的系统。配送系统在具体作业中包含了进货、仓储、分拣、配货、输送、送达等几乎所有的物流系统中的作业流程,因此可以说,配送系统是一种小型的物流系统。同物流系统类似,在进行配送系统的管理时,也应该从宏观考虑,而不是局限于某一个因素。

(二)服务以客户为中心

配送系统提供的服务以客户为中心,也就是说,配送系统完全按照客户的需求进行服务。"以客户需求为中心"应该作为配送系统的原则和基本理念,被所有相关人员牢记在心。尤其是在企业自营的情况下,配送系统的中心不再是企业的利润,而是转变为了企业的需求。

(三)时间管理要求高

配送系统的首要任务是准时,要求配送方要在客户的指定时间之内将货物送达客户手中,因此对配送方的时间管理要求非常高。但是在具体实践中,配送过程涉及多个环节,只要有一个环节没有及时完成,那么就会影响整个配送系统的运输时间。而一些突发状况,比如交通事故等,也给配送活动带来了更多的不确定性。因此,对于配送系统的时间管理的难度是相当大的。

(四)需求特点为客户多、批量小

配送活动是一种支线物流,就是要按照客户的需求多批次、少批量的为客户送去货物。配送中心通常一天要往返多个地点为客户送达种类繁多但数量很少的产品。由于少批量的送货会提高配送的成本,因此,企业多采用同时在一辆车上装运多家货物,然后沿着一定线路进行配送的方式,但是这样给配送系统增加了操作的复杂性。

(五)服务对象不确定

配送系统没有固定的服务对象,也就是说配送活动每天要运输的货物以及要服务的客户都是不同的。因此,配送系统要根据配送对象的不同,具体安排配送计划、行车路线等等。

五、配送系统的功能

作为从事配送活动的经济组织和关键的物流设施,配送中心的基本职能是将货物送达客户,在这个过程中,要展开对货物进行储存、分拣和理货、配货和分放、倒装和分装、装卸和搬运、加工、送货及情报处理等一系列物流活动。在零售业当中,这个过程更加明显和细化,而这些琐碎的工作正是集中在配送中心加以完成的。在现代生活中,配送中心实际上承担着配送活动的集聚地和策源地这样的角色。

(一)备货功能

备货工作是配送的基本工作,因而备货功能是配送的最基本的功能,备货工作包括筹集货源、订货或购货、集货、进货及有关的质量检查、结算、交接等。配送的优势之一，就是可以集中用户的需求进行一定规模的备货。备货是决定配送成败的初期工作，如果备货成本太高，会大大降低配送的效益。

（二）储存功能

配送储备是按一定时期的配送经营要求，形成的对配送的资源保证。这种类型的储备数量较大，储备结构也较完善，视货源及到货情况，可以有计划地确定周转储备及保险储备结构及数量。配送的储备保证有时在配送中心附近单独设库解决。

另一种储存形态是暂存，是具体执行日配送时，按分拣配货要求，在理货场地所做的少量储存准备。由于总体储存效益取决于储存总量，所以，这部分暂存数量只会对工作方便与否造成影响，而不会影响储存的总效益，因而在数量上控制并不严格。

还有另一种形式的暂存，即是分拣、配货之后，形成的发送货载的暂存，这个暂存主要是调节配货与送货的节奏，暂存时间不长。

（三）分拣功能

作为物流节点的配送中心，要将众多用户的大量的、千差万别的货物进行及时、有效的配送，就必须运用特定的手段和规范的作业流程对货物进行分拣。不同的用户对货物的要求不同，即使是同一个用户有时也会要求不同的货物，因而，订货或进货的过程中，要特别注意搞清客户需求的同时，也要对货物的种类、规格、数量等做到心中有数，对客户提出的不同要求，通过一定有效的方式对货物进行拣选，并在此基础上，按照配送计划分装和配装货物。这意味着配送中心除了能够存储货物执行存储功能外，还具有分拣货物的功能，即发挥着分拣中心的作用。

（四）集散功能

规模化的物流运作，使配送中心在供应链和物流活动中获得了与众不同的重要地位,同时各种先进的物流操作设施和设备相继出现,这为现实的物流操作提供了便利。配送中心还可以通过辨识组装,将各个用户所需要的多种货物有效地组合(或配装)在一起,从而形成一定的规模,节省了成本,提高了效率。配送中心的这一职能不仅对于物流企业及其用户具有重要意义,而且对配送中心密集地区的商贸活动的繁荣、国际物流地位的提高、区域经济辐射能力的增强等,也具有十分重要的意义。

(五)配送运输功能

配送运输属于运输中的末端运输、支线运输,和一般运输形态的主要区别在于:配送运输是较短距离、较小规模、较高额度的运输形式,一般使用汽车做运输工具。

与干线运输的另一个区别是,配送运输的路线选择问题是一般干线运输所没有的,干线运输的干线是唯一的运输线,而配送运输由于配送用户多,一般城市交通路线又较复杂,所以,如何组合成最佳路线,如何使配装和路线有效搭配等,是配送运输的特点,也是难度较大的工作。

(六)加工功能

如前所述,流通加工是现代物流的一个重要组成部分,同时也是现代配送业务的基本环节之一。对于物流企业而言,为了扩大经营范围和提高配送水平,多配送中心都配备了各种加工设备,形成了一定的流通加工能力。通常,这些配送组织都形成了一定的规模,根据顾客的需求,来对商品进行合理配送,并将组织进来的货物加工成一定的规格、尺寸和形状,由此而形成了其具有增值能力的加工功能。通过积极开展加工业务,不但方便了用户,同时还节省了时间,提高了其货物适应市场的能力,而且也有利于提高物质资源的利用率和配送效率。

六、配送系统的目标

配送系统是一个小型的物流系统,它拥有和物流系统相同的目标,具体表现在以下四个方面。

(一)快速

快速是对配送系统的基本要求,也是配送服务存在的基础。配送系统产生于越来越快的生产节奏和越来越扩散的社会分工的环境中,因此,作为一种新型的物流方式,配送系统的基本目标就是及时为客户提供"门到门"的便捷服务。

(二)及时

及时对于配送系统来说有着不可替代的作用和意义。在配送系统中,客户依赖于配送中心的服务,尤其是实施零库存战略的企业,完全依靠零部件和原材料直接运送到生产线的及时,才能保证自己的"零库存"。如果配送活动在作业流程中出现问题,及时的目标不能达到,那么就会对企业造成非常严重的影响,不仅影响企业的收货,更重要的是会影响企业的正常生产和销售。

(三)可靠

上述两个基本目标是对配送系统的速度要求,而可靠是对配送系统的质量要求。配送不但要以最快的速度将货物按照要求送达客户手中,而且要保证在运输的过程中,货物不会发生质量损坏、数量短缺等问题。

(四)节约

配送系统的利润主要来源于节约。在配送方式下,支线运输和小量货物运输过程中的不灵活、死板等缺点将得到改善,运输过程会更加优化和完善。采用配送方式,用户的订货程序也会得到相应的简化,工作量得到减少。

第二节　物流配送系统的规划

物流配送系统的规划是指对物流配送系统在实际运行过程中的运输路线、运输方案、运输流程等进行详细的分析和计划,保证配送计划能以最高的工作效率完成最多的工作量。本节将从总体规划和具体规划两个方面介绍物流配送系统的规划。

一、物流配送系统规划的内容和原则

(一)物流配送系统规划的内容

1. 选址规划

很明显,如果物流中心位置选择得对,那么,这将节省不少物流成本和时间,物流配送中心位置的选择显著地影响实际营运的效率与成本以及仓储规模、运输批量。物流配送中心拥有众多固定机械设备,一旦建成很难搬迁,如果选址不当将付出长远代价。

2. 平面布局规划

平面布局规划首先需要对物流配送中心的运输、配送、保管、包装、装卸搬运、流通加工、物流信息等功能要素进行分析,然后结合物流需求的形式、发展战略,规划与设计功能和功能区。

3. 设备选择规划

设备是保证物流配送中心正常运作的必要条件。设备规划涉及建筑形式、空间布局、设备选择与安装等问题,需要运用系统分析的方法求得整体优化,最大限度地减少物料搬运、简化作业流程,创造良好、舒适的工作环境。

4.信息系统规划

信息化、网络化、自动化是物流配送中心的发展趋势。信息系统规划包括网络平台架构及内部的管理信息系统分析与设计,在规划与设计中,既要考虑满足内部作业的要求,有助于提高物流作业的效率,又要考虑与外部信息系统的连接,方便及时获取和处理各种信息。

5.运营系统规划

运营系统规划包括作业程序与标准、管理方法和各项规章制度,以及对各种票据的处理和各种作业指示图、设备维修制度和系统异常事故的对策设计等。

(二)物流配送系统规划的原则

1.系统最优原则

将物流配送中心作为一个整体,运用系统的概念、系统分析和系统优化的方法,求得物流配送中心的整体优化。

2.动态柔性原则

由于物流配送中心的各个环节和要素之间都始终处于动态变化之中,要充分考虑物流配送中心系统发展的需要和变化的可能,以动态的观点和变化的观点作为规划的出发点,并贯穿在规划与设计的整个过程,使设计的物流配送中心具有柔性化的生产和服务能力。

3.作业环节优化原则

合理规划作业环节,减少或消除不必要的作业,提高物流生产和服务的效率,降低人力和资源消耗。例如,在时间上缩短生产周期,在空间上减少占地,在物料上减少停留、搬运和库存等。

4.人机工效原则

在规划与设计中,重视人的因素,运用人机工程学理论进行综合设计,并考虑包括空间大小、通道配置、色彩选择、照明、温湿度和噪声等环境因素,对人的工作效率和身心健康的影响。

二、物流配送系统的总体规划

总体规划是对配送系统大方向的掌握,一般情况下应当遵循"时效性、可靠性、便利性、经济性"四大原则。

在实际操作中,配送系统会受到很多因素的影响,比如配送计划的制定、配送路径的选择、交货的及时性等等。这些因素都会影响配送活动的结果。因此,必须加强对配送系统的规划。总体规划的内容不仅包括物流配送的基本流程,而且还要将用户变动、交通状况、车辆条件等多个客观因素考虑在内。

三、物流配送系统的具体规划

配送系统的具体规划就是对物流配送的具体作业流程进行程序和方式的优化,从而提高配送系统的工作效率。配送系统的具体规划主要包括以下几方面的内容。

(一)信息收集和处理的规划

1.信息收集的规划

信息的收集主要是指对商品市场的供求状况、商品价格进行了解和掌握,并将其同客户的具体需求作为配送的依据。信息收集主要包括当前的资料收集以及未来规划的资料收集两部分的内容。信息的收集可以采用直接收集厂商数据和现场访谈的方式进行。信息在收集之后还要经过一系列的整理和分析,才能作为配送系统规划的重要依据。

2.信息处理的规划

信息的处理主要是对收集来的信息进行分析,分析的数据主要包括订单的变动趋势、商品的数量和种类、市场的供需变化、人力需求状况以及作业流程和事务流程等等。

(二)配送计划的规划

配送计划的规划就是根据收集的信息,制定最合适的配送计划。加强配送系统的计划性有助于实现配送作业流程的高质量、少误差的目标。同时,制定合适的配送计划还有助于控制库存,保证较快的资金周转。

在配送作业流程中,往往涉及多种商品的多种特征,服务对象也是涵盖多种客户类型,并且,在配送过程中,运输选用的车辆也是不同的,因此,需要对这些信息进行综合考量,制定出既满足客户需求,又能尽可能降低配送成本、提高配送效率的配送计划。除此之外,在配送作业以及接单的过程中,要对商品的库存量、管理人员以及配送设备进行严格的检查和确认,保证配送的人员数量、车辆类型、车辆可调度时间等信息能掌握在企业的管理人员手中,从而实现有效的调度。

(三)配送流程的规划

配送就是按照客户的需求将适当的货物经过分拣、加工和配货等步骤,及时送达客户手中的过程。配送系统几乎包含了所有的物流要素,因此在对配送系统进行优化和规划时,也应当对这些配送的具体流程进行设计,按照不同的货物种类和送货地点,选择最合适的配送流程。

(四)配送路径的规划

货物的配送路线是指在送货过程中车辆所经过的线路。配送路线直接影响配送的效率,也就是说,如果路线科学合理,那么配送就比较迅速、运输成本也会较低,企业物流效益也比较高。因此,优化配送路线是物流运输管理作业中的重要内容。

最具代表性的优化配送路线的方法是节约里程法,又称为网络图法(Vehicle Scheduling Program,VSP)。下面对这个方法进行简单的研究。

1.节约里程法的基本假设

在实行节约里程法对配送路线进行优化时,以以下几条假设条件的确定为前提:

(1)配送货物相同。

(2)配送业务的客户信息(包括具体位置和需求量)确定。

(3)配送中心具有足够的运输能力。

2.节约里程法的原理

在上述假设条件确定的情况下,就可以对配送线路进行优化,图 4-4 是利用里程法进行配送线路优化时货物运输车辆的排序图。

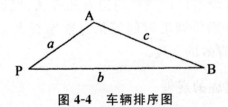

图 4-4　车辆排序图

如图 4-4 所示,设 P 为配送中心,A、B 分别为两个收货点,AP、PB、BA 之间的距离分别为 a、b、c。

(1)使用两辆货车运输

如果采用两辆货车分别进行 A、B 两条路线的送货,那么两辆车辆的行驶总路程为 $2a+2b$。

(2)使用一辆货车运输

而如果采用一辆货车进行两个送货点的货物运输,设这辆货车的运输路线为 P—A—B—P,那么它的行驶总路程为 $a+c+b$。

相比上述两种运输方法,后一种方法比前一种方法节省 $a+b-c$ 的行驶路程,这段路程就成为收货点 A、B 之间的节约里程。

综上所述,节约里程法就是根据配送地点的位置计算出各种配送路线之间的"节约里程",并且按照"节约里程"的大小确定货物的配送线路。在实际操作中,如果车辆的承载量允许,那么尽量将多个收货点的货物运输安排在一辆货车上完成,形成一条配送路线。

第三节　供应链下配送成本的优化和绩效评估

物流配送的成本是影响配送利润的重要因素,随着配送系统得到越来越多企业的使用,控制物流配送的成本也成为企业物流管理的重要内容。同时,在配送系统完成配送任务后,及时对配送系统进行绩效评估有助于更好的优化配送系统,提高配送效率。本节就将在配送成本的优化和绩效评估两方面进行重点研究。

一、物流配送成本的优化

物流的配送成本是指商品在空间移动的过程中发生的所有劳动的货币体现。配送成本具体包括人工成本、作业流程消耗、货物损耗、利息以及管理费用等等。配送成本的高低直接影响到配送系统的利润的多少,因此对物流的配送系统进行成本的管理和优化是非常必要的。

(一)影响配送成本范围的因素

在计算配送成本之前,首先要明确影响构成配送成本要素的因素,主要包括以下三部分。

1.成本计算范围的确定

在配送过程中,由于配送货物的不同和服务对象的差异,因此会出现不同的计算成本的方式,这种方式的确定在很大程度上影响了配送系统成本的构成。

2.成本构成范围的确定

成本构成范围的确定就是确定要将哪几种费用列入配送成本。配送费用具体包括人工费、保管费、运费、折旧费等,这些费用是否纳入成本范围都会对最终配送成本的大小起重要作用。

3.成本计算对象的确定

成本计算对象的确定就是确定在配送的具体作业流程中,哪些流程产生的费用应当被记入配送的成本。

(二)配送成本的特征

在对配送成本进行优化之前,首先要了解配送成本的特征。配送成本的特征主要表现在以下几个方面。

1.隐蔽性

配送成本具有隐蔽性,这是指在企业的财务会计业务中很难轻易地看到配送成本的具体款项。通常情况下,企业的财务部门都不能完全掌握配送成本的支出,部分配送费用会体现在"销售费用"或"管理费用"的项目下。但是这些费用却不能完全代表配送成本。由于在财务部门的账目中,并没有"配送成本"这一特定的项目,因此,管理人员很难统计出配送成本的总数,也同样忽略了对配送成本的管理。

2.削减的乘数效应

配送成本的削减具有乘数效应是指配送成本的减少会造成

企业利润的乘数变化。比如说,10％配送成本的下降可能会带来50％销售额的增加。也就是说,企业配送成本的减少对于企业盈利有着重要的意义。

3.成本的"二律背反"

二律背反是指统一资源的两个方面之间存在着互相矛盾的关系。配送成本的二律背反的意思就是:配送成本的众多构成要素之间存在着矛盾的关系,比如说,想要降低库存成本,就要减少库存量,这样就会造成运输次数的增加,导致运输费用的上升。因此,几种配送成本往往不能同时减少,一种费用的减少就会造成另一种费用的增加。

(三)配送成本的构成

以不同的分类标准划分配送成本,可以得到不同的结果。

1.以配送环节为依据

以配送活动的基本环节为依据,可以将配送成本分类为配送活动成本、信息处理成本以及配送管理成本。在这种分类模式下,企业可以更容易的掌握配送活动各个环节的成本状况,并对配送成本进行控制和优化。

2.以支出形式为依据

以支出形式为依据可以将配送成本分为本企业支付的配送成本以及支付给外企业的配送成本两部分。在这种分类情况下,企业便于对各项费用的变化情况进行分析和评估,有助于企业对物流活动的绩效进行评价。

二、物流配送的绩效评估

在日益激烈的竞争环境下,企业要想获得更多的利润,就不得不将精力放在开发高效率的物流上。因此,对于物流活动各环节的绩效评估也就显得尤为重要。对物流活动中的配送活动实行绩效评估,有助于企业更好地进行资源的配置,从而实现高效率的物流系统的建立,为企业降低成本、提高利益起到重要作用。

(一)物流配送绩效评估的目的

物流配送的绩效评估是一种利用公式计算出金额或比率,以此为基础判断企业经营状况的评价方式。对物流的配送环节进行绩效评估,就是判断物流系统中配送环节的生产力状况,并找出可以改善和优化的内容,加以改正。具体来说,物流配送绩效评估的目的主要表现在以下几个方面。

1.提高部门员工责任意识

对各部门或各员工的工作进行仔细的评估,将其作为一个单位进行作业实绩的考察,有助于提高部门及员工的责任意识和目标达成意识,从而推动企业整体效益的提高。通过对各部门及各员工的工作评估,一方面,可以使管理者了解物流系统的运行状况,判断物流系统是否达到工作既定目标;另一方面,这种评价有助于提高员工的积极性,从而促进企业整体工作效力的提高。

2.提高员工干劲

对物流系统配送环节进行绩效评估有助于集合企业整体和员工个人的工作目标,从而提高员工的干劲。比如说,企业可以将绩效评估的结果作为决定员工薪资的考量因素,在这种情况下,员工为了提高自己的工作水平,都会积极投入到工作当中。但是值得注意的是,企业不能只注重员工工作效率的提高,在促进员工提高工作积极性的同时,也要保证工作质量的稳定。

3.提高企业成本意识

通过对配送环节进行绩效评估,有助于提高企业内各部门及员工的利益与成本意识,从而达到精兵简政的目的。在工作的进行过程中进行评估,有助于企业管理者能在重大错误发生之前进行及时的控制和纠正,避免遭受巨大的损失。

(二)物流配送绩效评估的原则

在物流系统中对配送环节进行绩效评估要遵循以下几大原则。

1.明确企业经营战略

在进行绩效评估之前,首先要明确企业的经营战略,也就是企业的经营方针和最终要实现的经营目标,这样才能有方向地对配送进行分析和评估,保证绩效评估有助于企业经营目标的实现。

2.完善绩效评估制度

进行绩效评估时,首先要建立完善的评估制度,针对企业的不同部门,以各部门的生产力状况为重要依据,制定出最适合的评估制度。同时,还应当让员工充分了解企业的绩效评估方式以及评估内容。

3.建立上下层之间的信任关系

信任是保证评估正常且公正运行的重要前提,因此,在具体评估之前,要建立企业上下层之间的互相信任关系,保证员工是在平和的心态下接受绩效评估的,这样能在很大程度上保证绩效评估体制公平的运行。同时,企业在评估的过程中,要积极征询员工的意见,以优化评估体制。

(三)物流配送绩效评估的影响因素

在配送环节的具体评估过程中,有以下几种因素对评估工作起到了影响。

1.快速响应

快速响应是影响配送中心是否能及时满足客户要求的重要影响因素,其中时间是衡量效率的最直接的因素,因此,在配送环节的绩效评估中,要首先对配送中心提供服务的时间进行评估。

2.最小变异

最小变异是指在具体作业流程中出现的可能影响系统稳定运行的最有可能发生的突发事件。最小变异可以用来衡量配送活动提供的服务水平是否满足了客户的需求。

(四)物流配送绩效评估的内容

根据评估范围的不同,物流配送绩效评估的内容可以分为内部评估和外部评估两部分。

1.配送中心的内部绩效评估

配送中心的内部绩效评估主要就是对配送中心的内部进行评价,主要内容是当下的物流作业的成果同往期的作业成果以及本期的作业目标进行比较。具体来说,配送中心的内部绩效评估主要包括以下五个部分的内容。

(1)物流顾客服务评估

物流顾客服务评估是指对物流顾客服务水平进行评价,这项评估内容有助于对企业能否满足客户需求进行评价和判断。

(2)成本评估

成本评估就是对完成配送任务过程中产生的费用进行分析和评价。对配送成本评估的代表性指标是总金额表示的销售量的百分比或是每个单位数量的成本。

(3)生产率评估

生产率评估就是对配送中心完成一次配送任务所要投入的

资源与配送服务之间的相对关系进行评价。生产率指标有静态、动态和替代性三种类型。静态指标是指在特定时期内配送中心的生产率水平;动态指标是指两个时期的配送中心的生产率的比较;而替代性指标是指用与生产率相关的指标来替代生产率,比如客户满意度、质量水平、利润高低等等。

(4)配送质量评估

配送质量评估就是指对整个配送活动的效率和质量进行评价。配送质量评估是配送绩效评估中最重要的评估内容,涉及的范围很广,因此具有相当的难度。对配送质量的评估涉及订单进出、库存检查、拣货、装货、送货、支付等一系列环节。

(5)资产管理评估

资产管理评估就是对在配送环节中付出的资本,包括投入的设施和设备及其使用状况进行评价和管理。

2.配送中心的外部绩效评估

配送中心的内部绩效评估有助于提高员工的工作积极性,促进对资源的优化配置,从而实现企业经营利润增长的目标。而对配送中心的外部进行评估,包括顾客对配送中心的评价、其他企业对配送中心的评价等。配送中心的外部绩效评估有助于配送中心获得更多的信息。具体来说,配送中心的外部绩效评价主要包括两方面的内容。

(1)顾客角度的评价

从顾客角度对配送中心进行绩效评估是外部评估的重要内容之一。从顾客角度对配送中心进行绩效评估可以通过调研或者订货系统追踪的方式进行。评估的主要内容包括库存的可得性、信息程度、订货完成时间等。

(2)与其他企业的比较

与其他企业进行比较首先要确定一个通用的基准,然后用这个通用的基准去衡量企业配送中心的资产管理、成本、生产率、技术、运输、仓储等环节,并通过对本企业配送中心与其他企业的比较,找出弱点,加以改正。

(五)物流配送绩效评估的指标体系

物流配送绩效评估的指标的确定决定物流服务的最终目标。围绕配送中心要实现的物流总目标,往往会出现为了评估各种分目标而存在的评估指标,这些指标就构成了一个物流配送绩效评估的指标体系,具体见图 4-5。

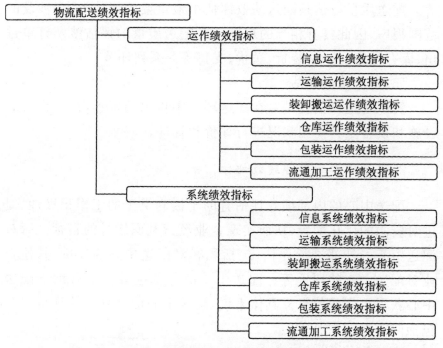

图 4-5　物流配送绩效评估指标体系

在实际操作中,由于物流产出服务,并且包括运输和仓储两大重要的活动要素,因此,物流配送的指标体系主要包括三方面内容。

1. 物流服务绩效指标

物流服务绩效指标具体包括六项指标。

(1)服务水平指标

服务水平＝满足要求的频数/客户需求频数

（2）交货期质量指标

交货期质量＝规定交货期－实际交货期

在上式中，如果交货期质量的计算结果为正值，说明配送中心在规定时间之前就完成了交货，如果计算结果是负值，则表示配送中心没有按时交货。

（3）交货水平指标

交货水平＝交货期交货次数/交货总次数

（4）商品完好率指标

商品完好率＝交货时完好的商品数量/商品总数量×100％

（5）物流单位费用指标

物流每吨费用＝物流费用/物流总量满载率

＝车辆实际装载量/车辆装载能力×100％

由于在上式中，物流单位费用指标所用的商品数量单位为吨，因此，物流总量的单位也是吨。

（6）满足程度指标

满足程度＝满足要求数量/用户需求总量

2. 仓库绩效指标

仓库绩效指标主要反映仓库的工作效率和系统绩效，具体包括以下九个指标。

（1）仓库吞吐能力实现指标

仓库吞吐能力实现率＝期内实际吞吐量/仓库预计吞吐量×100％

（2）库存商品缺损指标

库存商品缺损率＝商品缺损量/该批商品总数量×100％

（3）商品完好指标

商品完好率＝（商品库存量－商品缺损量）/该批商品总数量×100％

（4）商品收发指标

商品收发正确率＝（商品吞吐量－出现差错总量）/商品库存

量×100％

（5）仓库面积利用指标

仓库面积利用率＝库房、货棚、货场占地面积/仓库总面积×100％

（6）仓储单位成本指标

仓储每吨每日成本＝仓储成本/库存量

在上式中，计算结果的单位为：元/（吨·天）。

（7）设备状况指标

设备完好率＝期内设备完好数量/通气设备总数量×100％

（8）设备利用指标

设备利用率＝全部设备所有工作时长/设备总工作能力（时数）×100％

（9）仓容利用指标

仓容利用率＝仓库实际占用容积/库存总容积×100％

3.运输环节质量指标

运输环节中的质量指标与仓库指标相比有以下两种较为特殊的内容。

（1）正点运输指标

正点运输率＝正点运输次数/运输总次数×100％

（2）满载指标

满载率＝车辆实际装载量/车辆装载能力×100％

（六）物流配送绩效评估指标的分析

对物流配送评估指标的分析，实际上就是对上述计算得出的数据进行分析，以发现企业配送环节和配送中心存在的问题并加以改正。在实际工作中，经常使用到的两种方法分别为单一指标分析法和多元指标分析法。

1.单一指标分析法

单一指标分析法，顾名思义，就是以一种指标计算得出的数据为依据对整个配送环节的绩效进行评估和分析。但是由于选择的指标和数据较为单一,因此常常忽略重要的影响因素。

2.多元指标分析法

同单一指标分析法相对,多元指标分析法就是综合分析多个相互关联的多个绩效评估指标,从而得出对配送系统的相对准确的评价。

本章小结

在详细讲述供应链管理与物流库存的基础上,这一章对物流配送的相关内容进行阐述。本章与第三章存在内容上的衔接,在其基础上,具体而又清晰地说明了物流配送的具体过程,包括作业流程,配送系统的规划以及配送成本的优化和绩效评估。在保证内容连贯的同时,又帮助读者实现了阅读过程中的融会贯通。

第五章 供应链物流绩效评价与激励

物流绩效评价指标是物流绩效评价内容的载体,也是物流绩效评价内容的外在表现。具体地说,物流绩效评价指标就是为实现评价目的,围绕物流绩效评价的各项基本目标,按照系统论方法构建的由一系列反映物流相关指标集合的系统结构。只有建立了物流绩效评价与激励机制才能使企业物流系统更加流畅,相应的程序才能更加有序地跟进。

第一节 供应链物流绩效评价意义和原则

一、供应链物流绩效评价意义

(一)物流绩效评价能够使企业及时地了解和判断自身经营水平

绩效评价就是在一定时期内对企业的经营结果进行评价,以此来激励企业更好的发展。通常来说,绩效评价,可以得知在一定时期内企业的经营状况。通过对各种指标的测算,通过将测量结果与以往的测量结果进行分析对比,从一个比较直观全面的方位来看待企业的经营状况;通过与历史状况、战略规划管理目标、同行业发展水平进行全方位的比较,从而客观全面地判断企业的经营态势和经营能力,并作出相应的调整措施。

(二)物流绩效评价能够对企业物流活动进行监督

物流绩效评价可以追踪物流活动任务目标的达到程度,并做出不同层次的度量,是对已有的物流过程和物流工作以及其形成的结果进行评价。通过物流绩效评价企业可以清晰地知道关于物流工作效果的真实信息,帮助管理者做出相应的决定。正确看待评价结果也是一门学问,如果评价结果显示的标准与现实的差距很小,那么说明物流工作所要达成的目的就实现了,如果差距很大,则说明目的没有达到。正是通过评价结果,以便管理者做出相应的决策,修订物流工作计划。此外,物流评价还具有增强员工的积极性的作用。

(三)物流绩效评价能够对进行中的物流活动进行控制

如果能够及时对物流活动中的错误加以控制,那么就可以避免许多巨大的损失,通过改进物流程序,来使其进入正常状态。例如在送货的过程中,有些商品很容易发生损坏,那么这时就需要管理人员及时发现,并采取相应的措施尽量减少损失。

(四)物流绩效评价有利于正确引导企业的经营行为

物流绩效评价往往是多个方面的综合评估,而不是某一个单独的方面。其具体内容包括企业获利能力、基础管理、资本运营、债务状况、经营风险、长期发展能力等,通过这些内容的考察,可以从一个比较广阔的视角来剖析影响企业目前经营和长远发展的各种因素,从而使企业做到扬长避短,更加关注长远的发展。

二、建立供应链绩效评价体系应遵循的原则

(一)采购绩效考核的原则

明确采购部门和采购人员的具体目标,在实现企业组织目标的前提下,获得最大价值、保证质量和持续供应,根据采购的目标来制定标准评价采购的绩效。制定采购绩效考核基本原则有以下几个方面。

（1）考核应该有助于确定部门管理的效率，评价应该能够提供绩效提高的证据或者绩效降低的事前警示迹象。

（2）考核应该有助于确定下一个时期的资源配置。评价应该能够提供必要的数据，支持资源的配置，完成必要的绩效改进。因为各种变化（例如销售、产品组合、制造能力和原材料价格）都有必要进行资源的重新配置。绩效评价必须是适宜的和可变的，能够帮助预测需求变化并做出恰当的反应。

（3）考核应该有助于提供改进激励，建立奖励制度，例如晋升、分红。评价应该具有内在的激励作用。通过建立完善的和可接受的持续绩效评价标准，能够提供一种广泛客观的绩效改进方式。

（4）考核应该有助于判断某项活动是否会使组织增值或者对组织目标的实现是否有贡献，评价应该有助于组织就什么能使组织增值达成一致看法，放弃不再增值的活动。

（二）供应链绩效考核的原则

供应链绩效考核可以通过建立供应链层次结构模型进行，如图 5-1 所示。根据供应链层次结构模型，对每一层供应商逐个进行评价，发现问题、解决问题，进而达到优化整个供应链管理的目的。供应链绩效考核的原则有以下几个方面。

（1）必须考虑非财务指标，特别强调非财务指标在评价中的主要地位。

（2）供应链绩效评价必须与供应链绩效战略相一致，同时也要和各公司的战略相容。

（3）绩效指标应当能够提供及时的反馈，同时考虑到未来影响因素的重要性。

（4）绩效评价指标应该易于用在考核标准的制定上。

（5）绩效指标应当能够激励组织进行持续的改进，而不只是监控。

（6）相对比例指标要优于绝对指标，客观指标要优于主观指标。

（7）绩效指标必须处于评价单位的直接控制之下。

（8）绩效指标应当简单易行，能够给出准确的目标和计算方式。

（9）各个指标之间应当能够反映彼此的因果关系，避免彼此的相互冲突。

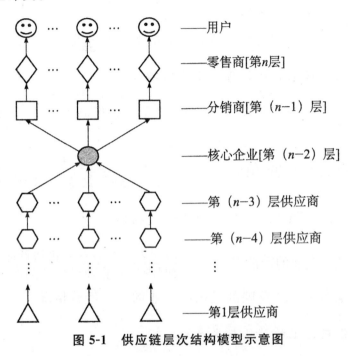

图 5-1　供应链层次结构模型示意图

第二节　供应链物流绩效评估的指标选取与体系的构建

一、供应链物流绩效评估指标

（一）销售与生产的指标

销售与生产的指标主要是指企业在规定时间内销售的产品

总数量与企业同一时间所生产的总数量之间的对比,这种对比也可以称为产销率,其计算公式如下:

$$产销率 = \frac{一定时间内已销售出去的产品数量(S)}{一定时间内生产的产品数量(p)}$$

一般来说,销售的数量一般都是低于生产的数量,所以这个数值一般是小于或者等于 1。

销售与生产的指标一般又可以分为三个指标。

1. 供应链上企业销售与生产的指标

供应链上企业销售与生产的指标主要反映了这个企业的经营情况。

$$供应链节点企业的产销率 = \frac{一定时间内节点企业已销售产品数量}{一定时间内节点企业已生产的产品数量}$$

2. 供应链核心企业销售与生产的指标

$$供应链核心企业的产销率 = \frac{一定时间内核心企业已销售产品数量}{一定时间内核心企业已生产的产品数量}$$

这个指标主要反映的是核心企业的生产经营情况。

3. 供应链上的销售与生产的指标

$$供应链产销率 = \frac{一定时间内供应链节点企业已销售产品数量之和}{一定时间内供应链节点企业已生产的产品数量之和}$$

供应链上的销售与生产的指标主要反映的是在整体供应链环境下的销售与生产之间的比率,也同时反映了这段时间的经营情况。这个时间段可以为年,也可以为月,也可以为日。

随着现在供应链管理的不断发展,为了能够更好地反映出企业的经营情况,对于销售与生产的指标的计算很多时候都是以天为单位进行计算的。

对于这个指标的数值来说,越接近 1,就说明了供应链整体的经营状况还不错,也同时能够反映企业对于供应链资源的利用率越高,供应链的库存量就越小。

(二)平均生产与销售的绝对偏差指标

平均生产与销售的绝对偏差指标的计算公式如下：

$$平均生产与销售绝对偏差 = \sum |P_i - S_i|/n$$

在这个公式中

n 代表的是供应链中企业的总数量。

P_i 代表的是第 i 个企业在规定时间内所生产的总数量。

S_i 代表的是第 i 个企业在规定时间内所销售的总数量。

这个偏差指标主要反映的是供应链的库存问题，也就是平均的销售与生产之间数值的差别。按照公式进行计算，这个数值就代表了供应链上的库存量，所以说数值越大，库存越多，所给企业带来的成本越高，相反，如果这个数值越低的话，表示库存量越小，销售与生产能够维持很好的平衡，同时可以降低企业的成本。

(三)需求与生产的指标

需求与生产的指标主要是指在一定的时间内，企业所生产的产品总数量与其他企业所需要的产品数量之间的对比，一般可以称为产需率。这个指标又可以具体的分为以下两个指标。

1.供应链上企业需求与生产的指标

$$供应链节点企业产需率 = \frac{一定时间内节点企业已生产的产品数量}{一定时间内上层节点企业对该产品的需求量}$$

供应链上企业生产与需求的指标主要反映的是企业之间的供需关系，上游企业所需要的数量与下游企业所生产的数量的比较。

按照公式进行计算，如果数值比较接近 1 的话，就能反映供应链中上下游企业的供需关系比较平衡，能够达到和谐的状态。

相反，就说明上游企业与下游企业之间的供需关系不太协调，产品的准时交货率比较低。

2.供应链上核心的企业需求与生产的指标

$$供应链核心企业产需率=\frac{一定时间内核心企业生产的产品数量}{一定时间内用户对该产品的需求量}$$

供应链上核心企业生产与需求的指标主要反映的是供应链的整体情况,代表了整体的生产能力和市场的需求能力。所以说这个数值计算出来大于或者等于 1 的情况下,说明了供应链上的生产能力比较强,对于市场的变化反应迅速。如果这个指标的数值小于 1 的时候,说明了供应链上的生产能力不强,对于市场的变化反应比较迟钝。

(四)专利技术拥有比例

$$专利技术拥有比例=\frac{供应链企业群体专利技术拥有量}{全行业专利技术拥有量}$$

该指标主要反映了企业所拥有的专利技术水平,从而也反映了企业的主要竞争力,从数值上来看,越高说明企业的竞争力越强,相反,数值越低,说明企业的竞争力越弱。

(五)新产品开发率

$$新产品开发率=\frac{在研究新产品数+储备新产品数+已投产新产品数}{现有产品总数}$$

该指标反映了供应链中的研发能力。数值越高说明企业的适应能力更强,研发能力更强,反之,企业的研发能力越弱。

(六)企业生产成本的指标

企业生产成本的指标主要是对成本的控制,从另一个角度也体现了供应链上的整体的管理水平。产品的价格并不是随意制定的,只有当产品的价格高于企业生产成本,企业才有利益可言。所以对于生产成本的控制需要从原材料、人力成本、运输成本等多方面进行计算,对企业生产成本的控制也是供应链绩效方面的一个体现。

（七）企业产品质量的指标

产品的质量关系到以后企业的发展,这里所说的企业产品质量的指标主要是指供应链中产品的质量问题,主要可以从产品的退货率、产品的合格率、产品的售后服务情况中反映出来。

（八）运营成本指标

运营成本指标主要反映的是为了维持运营所需要付出的成本,也反映出整体的运营情况,反映了供应链的管理水平,反映了各企业的经营效率,这个指标主要包括了以下三方面。

1.通信成本

通信成本主要体现在企业之间需要进行合作的通信费用。对于一般的企业来说,通信成本主要包括网站的维护、信息系统的研发费用、电话费用、传真费用等。

2.总库存费用

总库存费用可以用以下公式进行表示：

供应链总库存费用＝各节点在制品库存费用＋成品库存费用＋各节点之间在途库存费用

3.外部运输总费用

外部运输总费用主要是指产品在各企业之间进行运输的费用。主要包括交通费用、装卸货费用等。

二、物流系统绩效指标体系框架

物流系统绩效指标体系框架从宏观和微观层面设定了物流绩效评价范围和层次。突出了环境和资源指标对物流的影响,全面地反映了物流系统总体绩效水平。物流绩效的指标体系框架见表5-1。

表 5-1　物流系统绩效指标体系框架

目标	系统层次	指标状态	指标变量
物流绩效水平	经济效益	物流规模	社会物流总值 社会物流总成本 货物运输周转量 物流业利率 物流收入占 GDP 比重 物流业固定资产投资
		物流结构	第三方物流比例 共同配送比例 集中加工比例
		物流服务质量	客户服务水平 客户满意程度 交货水平、交货期质量 货物损耗率
		物流发展潜力	物流研究经费投入量 物流专业技术教育水平 物流科技产出能力 员工流动率 员工知识水平 信息系统更新程度
	资源利用效益	物流资源利用率	物流设施对土地资源的占用 单位产品公路运输的能源消耗 原材料的综合利用率 可替代资源的利用率 物流包装的循环利用率 车辆实载率
		物流资源循环利用率	再生资源利用率 废弃物循环使用率 废弃物集中处理比率 产品退回再生率

目标	系统层次	指标状态	指标变量
物流绩效水平	环境效益	生态环境改善潜力	污染物的增长与污染物的处理能力的增长比率 物流环保资金的投入与需求量之比
		污染物的排放水平	物流过程中的废气排放 噪声等级
		环境管理	环境管理评价制度的完善 法规制定及执行情况

三、企业物流绩效评价方法

(一)基于基准化及平衡计分卡评价方法

基准化的核心思想是不断寻找和研究同行一流公司的最佳实践,以此为基准与本企业进行比较、分析、判断,找出本企业的优劣势,向最优企业学习,确定自己的新目标,不断改进和创新。平衡计分卡法则把企业的战略目标融入绩效考评指标体系中,关注财务与非财务指标的结合,为管理者提供了实现战略目标的更好的方法。这两种方法前者侧重于"标杆"比照,后者在关注财务指标的同时,更关注非财务指标。将这两种方法综合起来,可称之为 BBSC 评价方法。

1.基准化评价管理方法

基准化管理起源于 20 世纪 70 年代末 80 年代初美国学习日本的运动中,首开基准化管理先河的是施乐公司。基准化方法用于物流绩效评价和管理中有三个方面值得高度关注:第一,客户对公司物流绩效的满意度;第二,把绩效与行业最佳者对比;第三,不仅要衡量和比较结果,还要考虑产生结果的过程。即这些好的和劣的结果在什么情况下产生的。这三个方面也是基准化的核心。在进行物流绩效评估时可运用基准化的管理思想，确定关键评价指标，给出相应较高的权重；在评价结果分析、激励与指导、战略目标修订中，用基准化作为指导，可使评估取得较好的效果。

基准化方法用于物流绩效评价和管理中，可以概括为两个部分，其一，与"标杆"进行比较，并确定绩效衡量的尺度；其二，通过绩效评价寻找与"标杆"的差距，进而修订绩效计划并实施持续改进。所以在很多时候人们将其称为基准化绩效管理方法，或者基准化管理。表5-2给出了基准化应用到绩效评价和管理中的六个步骤，其中前三个步骤主要用于指导绩效评价，后三个步骤主要用于指导绩效的持续改进。

表5-2　标准化实施的阶段内容

阶段	步骤	内容
1	识别	对哪些方面实施基准化、选择基准化的对比对象、数据来源与收集
2	排序	设定基准化优先次序
3	分析	衡量差别、比较差别
4	计划	未来绩效水平计划、制定行动计划、创造共同经营理念和价值观
5	行动	行动计划的实施、责任安排、持续改进
6	完成	制度化

（1）识别

企业需要了解自身的优劣势，从而确定哪些方面或领域需要实施基准化策略，进而选择基准化管理所需要的对比对象。要学习其他企业的管理的领先优势，相关信息的搜集必不可少。标准化所需要的信息主要有三大来源：其一，顾问、咨询公司，学术期刊与理论和实践研究者提供的相关的数据。这些数据是公开发表或出版的,比较容易获得,虽然不能很好地满足竞争性需求,但可以作为其他资料的补充和参考。其二,行业内部或相关行业的非竞争性企业提供的数据。由于这些企业是非竞争性的,所以能获得其他企业有深度的数据,对其他企业进行较深入的研究。这些资料并不能提供特别广泛的视野,但都是非常重要的数据资料。其三,构建共享风险与利益的组织同盟,从而可以获得共享的数据。把三种途径获得的资料整合起来,分析、提炼,使其升值成有价值的信息。

(2)排序

对那些需要基准化的项目进行排序,视以下情况而定:①哪些过程或环节具有战略重要性;②哪些过程或环节对整个绩效有相对强的影响;③企业内部需要做好哪些变革准备的环节。

(3)分析

这个阶段主要的工作任务就是需要把所收集到的数据进行分析和对比,按照之前所设定的标准,从这些数据中分析出哪些企业是符合所设定的标准,对于这些优秀的企业进行研究,从而得出自己企业与优秀企业之间的差距,从数据中找出差距的原因,从而改进企业的薄弱点。

所以说这个阶段十分的重要,如果分析不到位,确定的目标不符合规定,那么之后的改进工作就很难进行。

到这一阶段为止,即可以把“标杆”的一些数据作为绩效评价的基准,构建绩效考评指标体系,并进行评价和比较与“标杆”的差别。

(4)计划

经过识别、排序和分析,明确了需要基准化的方面或领域以及对比对象,并进行了绩效评价之后,接下来就是制定相应的行动目标,指导具体的行动过程来实现目标。目标的实现过程是一个团队合作的过程,要想成为一个有效的团队,需要有共同的经营理念和价值观,在供应链系统内进行沟通,使各合作者了解和接受这些新目标,使其对问题和目标做出一致定义。

（5）行动

行动是在计划的指导下朝目标迈进的过程。无论多好的计划，没有行动的支持，只能流于形式。要真正将计划落实到行动上，需要定期对工作进行测评。参与人员各司其职，各负其责。确定项目、子项目负责人，具体落实绩效基准化计划和目标，建立一套报告系统，能够对计划和目标进行修改和更新。基准化是一个持续不断地学习与改进的过程，需要始终跟踪最新的发展，持续进行基准化的实践。

（6）完成

对于一个持续改进的过程而言，基准化的完成只是暂时的。从另外一个角度来看，完成的是一种方法与制度的建立，在此方法与制度的指引下，可以做到有章可循，循序渐进。绩效基准化实施过程可归纳为图 5-2 所示。

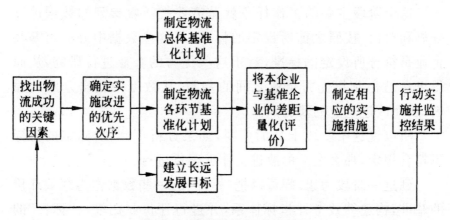

图 5-2　绩效标准化实施过程

2.基于平衡计分法的绩效评价

供应链绩效评价的核心是供应链能否增加价值，因此不仅要对当前供应链下企业的绩效进行考核，并且还要对其以后长期发展的能力进行考核。

（1）财务价值

在通常情况下，企业的财务指标主要是基于现金流和传统的财务会计来制定的,因此缺乏对企业未来盈利能力的激励。供应链平衡计分卡的指标应弥补这方面的缺陷,注重促进企业的成长和制定长远目标。其指标具体来说主要有以下四个方面。

①现金周转率

现金周转率主要是指企业现金流与企业总资金的利率,用公式表示如下：

$$现金周转率 = \frac{现金流}{企业总资金}$$

现金周转率是反映供应链整个运作流程的一个重要指标,现金周转率的数值越高,说明企业的运营情况比较好,企业能够及时收回货款,有利于企业的正常周转。相反,现金周转率的数值越低,说明企业的货款不能及时到位,企业就需要通过融资等方式来维持企业的正常运转,企业就需要承担更大的风险来维持生产,这样的周转方式不利于企业的发展。

②供应链资本收益率

供应链资本收益率主要是指客户的利润与在此期间所使用的供应链的平均资产,用公式表示如下：

$$供应链资本收益率 = \frac{客户的利润}{在此期间所使用的供应链的平均资产}$$

这个指标主要反映的是资产增值方面的绩效。

③客户销售增长与利润

这个指标主要体现在客户的销售收入和利润的总额上,其主要反映了企业三方面的绩效情况,一是反映了企业的销售情况;二是反映了企业的利润情况;三是反映了企业与企业之间的服务情况。所以企业可以通过扩大销售额和不断的新增用户这两个方式来提高企业的销售收入和利润。

④供应链的库存天数

库存是每一个企业都会存在的情况。从财务角度来说,库存直接反映的就是生产成本,一个企业的库存过高的话,也可以看出企业的生产成本较高。库存天数的计算就是把原材料的存放天数、在制品的存放天数、多余产品的存放天数等相加,得出的结果就是供应链的库存天数。

（2）顾客导向

在供应链管理的模式中，顾客是企业利润来源的主要渠道，所以在管理中必须以顾客的需求为主要的发展方向。对顾客进行管理的内容中，首先需要了解顾客的需求以及顾客对企业的评价，从这些评价指标中，企业可以看到顾客的满意程度，这些满意程度也可以体现在产品的服务上、产品的质量上等。从这些评价指标中也让企业看到不足，从这些不足的地方分析原因，从而改进自己企业的经营方法和战略。

①客户数量的增减

我们都知道每个企业能够生存的条件就是有客户的存在，只有满足客户的需求，才能让企业得到生存，每个企业都希望创造更多的利润，那么客户的数量也就是企业利润的重要来源。客户数量的多少也能代表企业在这个行业领域的市场份额，占有的客户数量越多，说明企业占有越多的市场份额，能够创造更多的商业利润。

②订单完成的周期长短

在供应链企业中，订单完成的周期所需要的时间长短也决定了企业的生产能力，能够按照规定时间完成订单，是企业能够获得更多订单的前提。所以说订单完成的周期主要是评价企业对客户订单的反应时间。

③客户价值率

客户价值率主要是指客户对产品的满意度与产品的总成本的比率，用公式表示如下：

$$客户价值率 = \frac{调查评价值}{每份订单的成本}$$

公式中的调查评价值主要是通过客户的满意度的数值来得到的。

客户价值率主要反映的是客户对产品与成本之间的对比。客户价值率的数值越高的话，说明客户对产品越满意。相反，数值越低的话，说明客户对产品越不满意。

（3）运营能力

企业的运营能力决定了一个企业的主要业绩，所以对于企业的绩效评价来说，企业的运营能力也需要通过绩效评价中的方法来进行评判。一般来说企业的运营能力的指标可以分为以下四方面进行评价。

①企业产品的提前期率

企业产品的提前期率主要反映的是企业在生产过程中对生产周期的控制，也是反映企业对于客户订单的响应时间，用公式表示如下：

供应链订单响应时间＝客户需求及预测时间＋预测需求信息传递到内部制造部门时间＋采购、制造时间＋制造终端节点运输到最终客户的平均提前期

企业产品的提前期率的时间越短，说明企业对于客户的订单的响应时间越少，反映出企业的运营能力越强。相反，企业产品的提前期率的时间越长，说明企业对于客户的订单的响应时间越长，反映出企业的运营能力不强。企业需要加强自身的运营能力。

②企业的生产成本

生产成本是一个企业的主要支出，一个具有强大运营能力的企业对企业的生产成本有着严格的控制，所以这个指标也是反映运营能力的指标之一。

③企业生产时间柔性

这个指标主要是指由于市场需求的变化而导致企业需要根据变化及时调整企业的生产计划和生产周期，这个指标也是运营能力的体现之一。

（4）学习成长

学习成长是每个企业必须经历的一个阶段，只有在这种环境中才能促使企业跟上时代的进步，所以说对于供应链环境中的企业来说，学习成长也是一个动态的过程，主要需要从以下三个方面展开。

①需要根据市场的变化重新设计产品以及生产流程。

②随着现在网络技术的更新,信息对于企业来说也是一种重要的资源。所以企业要摒弃以前落后的网络技术,建立最新的信息系统,让自己企业的信息能够实现实时性,让供应链上的其他企业能够共享信息,实现同步化。

③在供应链管理模式下的企业需要对市场的变化保持一定的警惕性,对核心价值需要重新定义和开发。

对企业绩效评价的改进需要表现在新产品开发周期、新产品销售比率、流程改进效率等方面。该类型的指标主要有两个。

①产品最终组装点,其可以反映出延迟制造问题日益突出的重要性。

②组织之间数据共享的比重。实现供应链信息共享是长久维持供应链伙伴良好合作关系的一个关键因素。

(二)SCOR 和 ROF 评价方法

SCOR 和 ROF 评价方法也是目前业界比较推崇的方法,一些企业的尝试将其应用于供应链和采购的绩效评价,取得了较好的效果。

1. SCOR 评价方法

SCOR 评价方法主要是根据专注于绩效评价的集团 PMG 公司所进行的供应链管理绩效评价方面的研究,以全球著名的咨询公司 PRTM 之前所开发的 SCOR 的评价方法为基础,提出了一种分层评价的方法,从而也构成了供应链绩效评价体系。

在这个评价方法中,一般可以把供应链绩效评价的指标分为十三个指标,把这十三个指标又划分为五个主要的系统指标,把整个指标体系又分为三层,不同层级的重要性各不相同。

第一层是最为重要的一层,主要是用于评价整体的工作计划流程,其主要包括了供应链的生产计划、供应链的采购计划、供应链的退货计划和供应链的运输计划。然后再逐层分解。

第二层中所包含的评价指标与第一层进行比较来说,范围更小,指标更加的具体。

第三层中的评价指标就比第二层更具体,针对企业的某个具体的业务流程进行设定。

所以说,SCOR 评价是一种整体连贯性的评价模型。SCOR 方法或称模型,为企业供应链绩效评价指标体系的构建提供了极有价值的分析工具。表 5-3 展示了 SCOR 第一层次的绩效指标,其余第二层、第三层的绩效指标可参考网站 www. Supplychain. org。

表 5-3 SCOR 第一层的绩效特性与绩效指标

绩效特性	SCOR 第一层的绩效评价指标
供应链中交货的情况	(1)产品交货绩效 (2)产品订单完美履行率 (3)产品订单完成率
供应链对于市场的反应能力	订单完成提前期
供应链柔性	(1)企业供应链反应时间 (2)企业生产柔性
供应链的成本	(1)增值生产率 (2)供应链管理总成本 (3)产品担保成本或退货处理成本 (4)产品销售成本
供应链资产管理的效率	(1)企业现金周转时间 (2)企业库存供应总天数 (3)净资产周转天数

2. ROF 法

ROF 法主要是比蒙在 1999 年所提出来的一种对供应链绩效进行评价的方法。这种方法的主要特点就是比蒙利用三个方面的指标来反映供应链绩效的情况。这个三个指标主要包括企业的资源、企业的产出、企业的柔性。

这三类指标都具有各自不同的目标。对于企业的资源和产出进行评价在实际评价中应用比较广泛,但是对于企业的柔性评价相对来说比较局限。

不同的指标反映的侧重点是各不相同的,企业的资源指标主要反映了企业提高生产能力的主要途径,企业的产出指标主要反映了企业的生产水平,企业的柔性指标主要反映了企业应对市场变化的灵敏度。

它们之间相互作用,彼此平衡,其关系如图 5-3 所示。

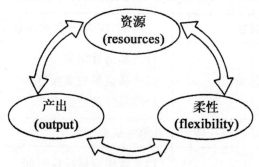

图 5-3　ROF 法的绩效评价指标及其关系

ROF 法中的三类指标主要内容如表 5-4 所示。

表 5-4　ROF 的评价指标

评价指标	具体指标
资源评价	(1)库存水平 (2)人力资源 (3)设备利用 (4)能源使用 (5)成本
产出评价	(1)客户响应 (2)质量 (3)最终产出数量

续表

评价指标	具体指标
柔性评价	(1)范围柔性 (2)响应柔性

比蒙提出的这三类指标在具体的评价过程中,又是从定性和定量两个方面进行评价的。定性绩效评价囊括了顾客满意度、柔性、信息流与物流整合度、有效风险管理和供应商绩效等。定量绩效评价又分为两类:一类是基于成本的定量评价;另一类是基于顾客响应的绩效指标。

以上这些方法各有其特点。此外,还有其他的一些方法,比如,西蒙·布雷格(Simon Bragg)将供应链管理思想、运营杰出战略、关键绩效评价指标以及对 IT 系统的功能要求等融合在一起,构建了一个可供企业自我诊断供应链绩效的基本模型,该模型包括了由 10 个问题组成的供应链绩效测试和诊断表。布雷格认为,行业内最好的公司应当对这些问题直接回答 Yes。另外,对于一些不具备整体连贯性的供应链绩效评价模型,通常在构建了绩效评价指标体系后,还需要使用专业评价技术来支持完成量化评价过程。常用的方法如层次分析法、模糊决策评价法、数据包络法等,这里不展开叙述。

(三)标杆管理法

1.标杆管理法概述

(1)标杆管理法的定义

标杆管理法主要采用的是一种对比和比较的方法,也是一个持续性和系统性的评估手段。它主要的特点就是把自己企业的流程与优秀企业的业务流程进行对比,按照优秀企业的标准来提高自己企业的运作效率,通过这样的形式来改善企业的绩效。

标杆管理法是指企业为了能够获得更高的利润,把优秀企业的业务流程设定为企业不断学习和改进的主要目标,通过学习优秀企业的经验,来解决企业所存在的问题,最终达到提高企业的商业利润,甚至最后能超越自己所设立的标杆企业的一种系统的管理方法。

在进行标杆管理的过程中,不仅需要学习这些优秀经验,而且要寻找到优秀的主要原因,从本质上来改善企业的业务流程。

在标杆管理中,优秀的企业并不一定是这个行业的佼佼者,也可能是某一方面的业务是优秀的,所以对于标杆管理不能仅限于企业的整体情况,而是应该对于不同业务进行不同的标杆管理。

(2)标杆管理法的类型

标杆管理法依据不同的分类标准进行划分。

①依据标杆来源的不同进行划分

a.内部标杆法

内部标杆法主要是以企业内部操作为准则,通过对企业内部绩效的实际情况来确定内部标杆管理的主要方向,最终达到供应链上的企业信息共享。

b.竞争标杆法

竞争标杆法主要是以竞争对象为基础的标杆管理法,所以也经常被称为外部标杆管理法。竞争标杆管理法的目标是与竞争对手企业在产品、服务、工作效率、企业利润等方面比较。

②根据标杆的内容进行分类

a.职能标杆法

职能标杆法是以某个行业的龙头企业或者某些企业具有高效的管理方式为基础进行的标杆管理法。职能标杆管理法最大的优势就是在合作企业之间经常共享一些先进技术、市场信息和管理方法。

b.流程标杆法

流程标杆法是以企业的最佳操作流程为基础进行的标杆管

理法,这种管理针对的是企业的业务流程规范化和高效化,不是企业某个业务或者部门职能的操作,所以流程标杆管理法可以采取跨不同类型组织进行管理。

2.标杆管理法的实施

(1)经典的标杆管理法的实施步骤

经典的标杆管理法的实施步骤由施乐公司的罗伯特·开普首创,他是标杆管理法的先驱和最著名的倡导者。他将标杆管理活动划分为5个阶段,每阶段有2~3个步骤,如表5-5所示。

表5-5　标杆实施阶段

阶段	工作内容
1.计划	确定哪些产品、过程或者职能要实施标杆 确定实施标杆的目标 确定对数据和信息的要求
2.分析	怎样使标杆的目标更好 怎样把标杆企业的做法应用到本企业 确定未来的趋势和绩效水平
3.整合	主要负责人交换标杆实施中的新情况 建立在运作层的工作目标和具体的职能目标
4.行动	确定具体行动的负责人 确定一套对标杆计划和目标进行评审和修改的程序 建立标杆进程的沟通机制
5.正常运作	在企业各个层次继续坚持标杆活动 坚持绩效的持续改进

①计划阶段

计划阶段的工作内容主要有以下三方面。

a.确定哪些产品、过程或者职能要实施标杆。

b.确定实施标杆的目标。

c.确定对数据和信息的要求。

②分析阶段

分析阶段主要包括以下三方面。

a.分析和研究如何把标杆的目标制定得更加的合理和有效。

b.分析如何把标杆企业的做法运用到自己企业中。

c.分析和确定未来企业的趋势和绩效水平。

③整合阶段

整合阶段的主要任务有以下两方面。

a.在标杆管理中出现的新问题进行交流与沟通,并且及时解决出现的新问题。

b.确立企业各部门的工作目标。

④行动阶段

行动阶段的工作内容主要有以下三方面。

a.确定具体的负责人。

b.制定行动计划。

c.建立标杆进程中的沟通机制。

⑤正常运作阶段

正常运作阶段的工作任务就是全面整合各种活动,根据实际情况重新调整标杆目标。

(2)通常的标杆管理法的实施步骤

不同行业、不同企业之间具有不同的衡量标准和规则,所以说标杆管理的具体实施内容也因为行业的不同存在着很大的差异。企业要根据自身行业的发展趋势,结合企业自身的发展目标,最终来确定适应自己企业的标杆管理计划。通常的标杆管理实施步骤主要分为以下四步。

①确定企业标杆管理的内容

在实施标杆管理之前,首先要根据企业产品的类型确定标杆项目,根据标杆项目来确定标杆目标。对标杆项目的选择会因为企业的优势和劣势不同,所以确定标杆项目是一项复杂的工作,主要有以下几方面。

a.需要实地考察和搜集标杆数据。

b.分析和处理所搜集到的标杆数据。

c.比较标杆数据,确定标杆目标。

②制定具体计划和策略

实施标杆管理法的关键步骤就是制定具体计划和策略,主要从两方面入手:一是需要在企业中营造一种学习的环境,让更多的员工能够在这种氛围中不断学习和创新;二是需要设立一系列的行动和计划,通过实践来完成标杆目标。

③比较与系统学习

这个步骤的重点就是比较本企业实施完成的指标与标杆指标,寻找两者中的差距,分析产生差距的原因,提出缩短差距的方案与计划,最终能完成标杆目标。

④效果评估与改进

一般来说,任何一种管理法都是一个循行渐进的过程,只有长期的坚持才能看出最后的效果,标杆管理法也不例外。所以企业需要对标杆管理法不断的改进和创新,才能提高实施的效果。

标杆实施的程序,如下图 5-4 所示。

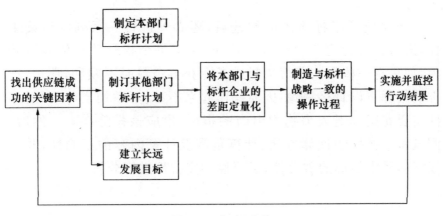

图 5-4 标杆实施

四、企业物流绩效评价指标体系构建

关于指标体系的构建主要涉及两个方面,第一,是如何选取指标;第二,在选取了恰当的指标后如何来完善。在建立企业物流绩效评价指标体系的过程中一定要坚持定量和定性相结合,具有针对性地展开构建过程。定性分析主要是侧重于评价的目的和原则,以此来确定指标和指标结构;定量分析则是通过一系列检验,使指标体系更加科学和合理可行的过程。

(一)指标体系的初选

指标体系的初选方法有综合法和分析法两类。不同的方法适用于不同的情况,综合法是在已经存在的一些指标群的基础上,按照一定的标准对这些指标进行分类,在分析综合的基础上使之成为体系的一种构造方法。分析法是指将要分析度量的目标和对象分成阶段性的几个部分,不同的阶段实现不同的目标,直到每个部分都可以用具体的统计指标来描述和实现。

(二)指标体系的完善

当完成了指标体系的初选后,还必须进行一系列的后续工作,进行必要的完善化处理。首先,测试每个指标的数值能否获得,如果有一些无法获得资料或者在获得资料时不顺利,那么,这样的指标可以直接剔除,因而操作起来不易,不适用实际,而对那些需要花费大量人力物力财力的指标,也应该排除在外。然后,测试每个指标的计算方法、计算范围及计算内容的正确性,并对指标体系中指标的重要性、必要性和完备性进行分析。

第三节　供应链物流企业激励

供应链是由上下游许多财务独立、目标不同的企业或成员组成的,每个企业成员对供应链的贡献是不相同的。因此,在对供应链所带来的利益进行分配时,就必须要衡量每个成员对供应链所做贡献的大小。在供应链中的不同成员之间有着不同的目标,并且其中的矛盾关系错综复杂,随时都会产生利益的冲突。在这种情况下,就需要建立一套有效的激励机制,使整个供应链优化所产生的效益在供应链各企业之间以及企业内部之间进行合理的分配。至于供应链中的所有企业都从供应链管理获得应得的利益,各企业才能自觉维护供应链的整体利益。除此之外,还要对那些为供应链做出较大贡献的企业进行重点鼓励,以此来保证供应链的活力与生机。

一、采购与供应链管理机制的含义

激励是实现目标的主要动力,企业和个人一样,也有很多的需求,也有发展停滞不前的时候,所以也需要通过激励机制来实现进一步的发展。

供应链作为很多的企业的结合点,所以也需要通过激励机制来提高供应链的效率。从管理角度来说,激励体制也是供应链管理中的必不可少的一部分。它的激励对象是多元化的,可能是针对一个企业,也可能是针对企业的员工等。但是激励机制的最终目标就是为了实现提高供应链的绩效。

二、供应链激励机制的主要内容

采购与供应链管理激励的内容主要包括以下几方面。

(一)价格激励

在供应链管理模式下,各个节点的企业之间都是互相合作的关系,所以每个企业的利益都必须充分考虑。供应链中的企业之间利益的分配主要体现在价格。这里的价格就是指供应链上利润需要在企业之间进行分配,而由于供应链优化所产生的更多收益或者损失也由相应的企业进行承担,但是在很多情况下,不能辨别出与此对应的企业,所以经常对这些收益或者损失没有合理的分配。为了强调利益的均衡,就可以通过价格这种方式进行激励。价格激励的主体一般都是上游企业,客体就是下游企业。在价格激励中,高的价格能够激励企业的积极性,相反,低的价格同样能够降低企业的积极性。

但是价格激励本身也会隐藏着一定的风险,这种风险就来自于企业的逆向选择。一般来说,制造商在选择供应商的时候,在沟通交流中过分偏向于低价格的供应商,容易忽视产品的质量、交货期、售后服务等一些问题的考虑,这些因素同样会给企业带来很大的风险。所以在选择的时候,不能一味强调价格,而应该综合考虑。在使用价格激励机制的时候必须小心谨慎。

(二)订单激励

订单对于任何一个企业来说都是重要的利润来源,在供应链管理模式下的企业也希望获得更多的订单,订单的数量对于企业来说也是一种激励的方式。

(三)信息激励

随着现在网络技术的不断发展,市场的竞争也逐步转化为信息的竞争,信息对于企业来说是一种重要的资源,如果企业能够拥有更多的信息,说明它在市场的竞争中能够取得更大的优势。一个企业之所以可以不断发展,主要是因为企业拥有更多的市场信息,所以信息激励也可以鼓励企业不断发展和进步。

如果在合作的企业之间,本企业根据信息了解到合作企业的需求,在合作当中更主动地为合作企业提供优质的服务和产品,这有利于提高双方合作的满意度。

信息激励机制的产生也容易消除合作企业之间的猜忌,让信息能够第一时间反馈给双方,避免因为信息不对称给双方企业带来的风险。

（四）淘汰激励

优胜劣汰是自然规律,供应链管理也拥有同样的规律。为了促使供应链上的企业都能保持一定的竞争优势,就必须建立淘汰机制,淘汰也是对企业的一种激励。

对于优秀的企业来说,淘汰机制可以让他们有利地占据市场,获得更多的利润;对于劣势的企业来说,淘汰机制可以促使他们努力发展。

淘汰激励的目的是让在供应链节点上的企业具有一定的危机感,不断创新改革提高自己企业的整体业绩,只有所有企业能够适应社会的发展,供应链才能不断进步。

淘汰激励也可以让企业承担一定的义务和责任,对产品的质量、服务等方面负责,也承担供货的义务。

（五）新产品、新技术开发激励

所有企业的产品不是一成不变的,需要不断创新和变化来适应市场的需求,所以新产品、新技术的开发激励也是企业创造更多利润的方式之一。

在这种激励下,供应链上所拥有的经销商、供应商甚至用户都愿意参与到研发中,在这种团队的工作环境中,企业才能感受到团队的力量,把自己企业当做是整个供应链产品开发中的一分子,开发的结果关系到节点上的每个企业。

（六）商誉激励

商誉对于企业来说是一种无形的资产,只有好的商誉才能带来更大的利润。在供应链的环境中,企业的商誉主要是来源于合作企业之间的评价和用户对于企业的评价,所以直接反映了企业所处的地位。

三、供应链物流企业激励机制的特点

关于激励机制的概念,最早出自心理学的范畴。但在经济管理学领域,通常是对企业的员工而言的,实质上是对员工行为的反馈和约束。一般而言,供应链物流企业激励的对象大体上可以被分成两个群体,一是团体(供应链与企业),二是个人(管理人员和一般职员),团体一般由个人所组成,但需要注意的是,整体不是个体的堆积,也不是个体的简单相加,因此供应链的团体心理同时又会具有其与众不同的特点。

供应链管理系统如同一个人的生理心理系统,例如,人在工作的时候有积极的时候和消极的时候,而在一个供应链物流企业中,也会出现一段时期内一部分人的积极性高,一部分人积极性不高的情况。因此,同个人一样,供应链管理也会产生需要、行为、动机和目的,也有心理活动,也有惯性,同样也需要给予激励。因此,供应链激励可以说在供应链管理中起着举足轻重的作用,它关系到员工能否将全部的热情投入到工作中来,为企业创造更大的价值。其激励的对象包括供应链自身、成员企业、企业管理人员和一般职员等。其中对于管理人员和一般员工的激励范畴比较大,适用于任何管理企业,而供应链激励则具有针对性,主要侧重的是对供应链环境下成员企业的激励活动。

供应链企业的激励过程可以借用传统的激励过程模型来描述,如图 5-5 所示。

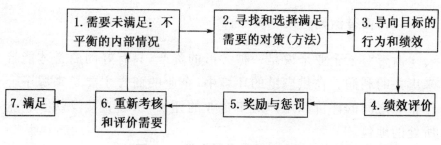

图 5-5　供应链企业激励过程

本章小结

前四章主要论述供应链管理视角下的各个相关的组成部分的具体内容,这一章则重点论述上述每一章都涉及的绩效评价与激励的问题。首先阐述物流绩效评价的意义和原则,然后对其包含的具体内容进行论述,从指标选取与体系构建两个方面解释如何进行有效的绩效评估,最后从激励机制的特点与内容方面讲述如何对供应链物流企业实施有效的激励。

第六章 信息时代的供应链物流管理

在物流管理中,人们要寻找最经济、最有效的方法来克服生产和消费之间的时间距离和空间距离,就必须传递和处理各种与物流相关的情报,这种情报就是物流信息。在企业的整个生产经营活动中,物流信息系统与各种物流作业活动密切相关,具有有效管理物流作业系统的职能。

第一节 现代信息管理系统存在的问题

随着科技的发展,电子商务的兴起、物流已经成为各大电子商务企业十分关注的问题,传统的物流模式已经不再适应社会的发展,从电子商务发展的需求来看,我国企业的物流仍存在一些问题,主要表现在以下几个方面。

(1)很多企业对于现代化物流的基本原理、运作和效率都缺乏一定的了解。

(2)很多企业的物流都是独立的,是属于企业组织架构的一部分,由企业自己的内部员工进行管理,所以相对来说比较封闭。所以不同企业的规模不同也影响到企业的物流系统和效率。企业与企业之间没有太多的合作和联系,更谈不上形成现代化的物流体系。

(3)企业的物流信息仍没有实现网络化,导致很多物流信息滞后,物流的传递速度缓慢,这些因素更加使得物流系统的信息化难以实现和形成。

从以上三方面,我们可以看出我国的物流系统仍处于一个比较落后的阶段,所以供应链中的物流节点所能够共享的信息十分有限,根本无法实现物流的高效化。

第二节　现代供应链信息技术与物流信息技术

一、现代供应链信息技术

供应链管理下的现代化物流管理与信息技术紧密相关,信息技术是整个供应链物流信息收集、整理、分析以及发布和共享的基础,没有信息技术的支持供应链物流管理根本难以进行。近年来信息技术的成熟以及应用成本的下降促进了物流业信息技术应用水平的发展,提高了物流业的效率和竞争力,改变了传统物流业的发展方向。

(一)条形码技术(自动识别技术)

物流管理中最基本也最烦琐的工作就是原始数据的采集,在没有应用信息技术之前,这项工作都是由人工完成的,甚至包括更复杂的处理数据工作也由人工完成,这样做不但速度慢、成本高,而且存在比较高的差错率,这与数据分析和处理对原始数据的要求有很大的差距。因此,信息的采集作为物流信息系统现代化管理的基本内容,应该得到大家的重视。

1.自动识别技术

自动识别系统与传统的人工录入方式有很大的不同,它不需要使用键盘数据输入计算机系统、编辑控制器以及其他微处理器中,而是通过一系列的操作后,系统自动将数据输入到制定的数据处理工具之中。自动识别可以使用条形码、射频标识与射频数据通信、磁条、语言、视觉系统、光学字符识别、生物识别等进行信息录入。就目前而言,在销售信息系统(POS系统)、库存系统、分货拣货系统等现代物流活动管理系统中最早使用的、应用范围最广的、最值得人们信赖的就是条形码技术。

2.条形码技术

条形码是最常用的自动识别技术,它将数据编码成可以用光学方式阅读的符号,辅以相应的印刷技术生成特定的机读的符号,扫描器和解码器可以采集符号的图像被转换成计算机处理的数据并进行校验。

条形码是由一组规则排列的条、空格以及相应的字符组成的图形标识符,用以表示一定的信息。条形码隐含着数字信息、标识信息、符号信息等,主要用于表示商品的编号、名称、产地、价格、种类等,是全球通用的商品代码的表述方式。利用黑、白、宽、窄扫描光线产生不同的反射接收效果,在光电转换设备上转换成不同的电脉冲,形成可以传输的电子信息。由于光的速度极快,所以能准确无误地对运动中的条形码予以识别,如图6-1所示。

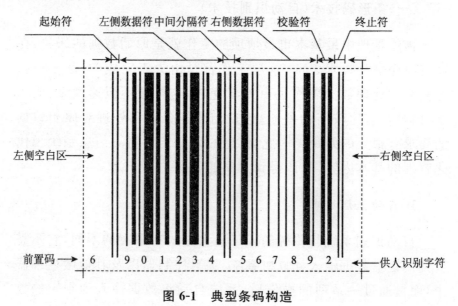

图 6-1 典型条码构造

条形码技术是在计算机的应用实践中产生和发展起来的一

种自动识别技术,提供了快速、精确、低成本的数据采集方法,是实现各行业自动化管理的必要条件,也是实现现代物流系统管理中重要的技术保障。

(二)EDI 技术

1.EDI 技术的概念

电子数据交换(Electronic Data Interchange,EDI)是 20 世纪 70 年代发展起来的,融合现代计算机和远程通信技术为一体的信息交流技术。经过多年的发展,电子数据交换技术已经作为一种电子化的贸易工具和方式,被广泛应用于商业贸易伙伴之间,特别是从事国际贸易的贸易伙伴之间,它将标准、协议规范化和格式化的贸易信息通过电子数据网络,在相互的计算机系统之间进行自动交换和处理。成为全球具有战略意义的贸易手段和信息交换的有效方式。

要准确理解电子数据交换的概念我们应该从以下几个方面入手。

(1)EDI 的使用主体是进行商品交易的双方,是企业与企业之间的一种数据交换,而组织内的文件传递。

(2)交易双方传递的是符合报文标准的、有特定格式的文件。目前采用的报文标准是联合国的 UN/EDIFACT。

(3)双方有各自的计算机或计算机管理信息系统。

(4)双方的计算机或计算机系统能发送、接收并处理符合约定标准的交易电文的数据信息。

(5)双方计算机之间有网络通信系统,信息传输是通过该网络通信系统实现的。信息处理是由计算机自动进行的,无须人工干预和人为介入。

2.EDI 在物流系统中的应用

EDI 是一种应用电子技术,按一定规则进行加密和解密,并以特殊标准和形式传输信息,而不是通过传统的邮件、快递或者传真来描述机构之间传输信息的能力。一般而言,企业间往来的单证都属于 EDI 报文所能适用的范围,包括零售商、批发商、制造商、运输商、配送中心各环节中的一系列活动。

物流信息由相关物流活动的实时数据构成,包括物料供应流程、生产状态、库存控制、运输装卸以及新的订货等。在这样的系统活动过程中,不仅需要物流企业与卖主或供应商、金融机构、运输承运人和顾客交流有关订货装运和开单的大量信息沟通,还有物流企业内部正常运行所需要的有关物流计划的实施、控制等数据交换。通过 EDI,可以快速获得信息、提供更好的服务、减少纸面作业、更好地沟通和通信、提高效率、降低成本;还能改进顾客服务水平、缩短事务周期、减少订货周期中不确定性、增强企业的竞争力等。因此,EDI 是物流系统信息集成的一种重要工具。

(三)射频技术

1.无线射频的概念

射频技术 RF(Radio Frequency)的基本原理是电磁理论,也就是利用无线电波对记录媒体进行读写。射频系统最大的优点是不受到实现的约束与局限,另外起识别距离也比光学系统远。还有一类射频识别卡,它们具有读写能力,可携带大量数据,难以伪造和有智能等特点。

2.射频识别系统的组成

射频识别系统的组成并不是一成不变的,由于不同企业所需要的射频识别系统的作用不同,射频识别系统的组成也各不相同,但是从射频识别系统的主要工作原理来看,射频识别系统主要包括了信号的发射机、信号的接收机和发射所需要的天线这三大部分。

（1）信号的发射机

在射频识别系统中，由于目标的不同，信号的发射机也有所不同，信号发射机的存在形式和所需要的方式也各不相同，一般来说，最常用的形式是标签。这种形式和条形码技术中的符号类似，把所需要的信息以标签的形式进行存储。但是与条形码有所不同的是，标签必须在外力的作用下，才能够把里面所存储的信息发射出去，所以标签一般是由带有线圈、存储器、天线和控制系统四部分所组成的一种低电的集成电路。

（2）信号的接收机

信号的接收机一般又可以叫阅读器。根据所发射的标签的不同，阅读器中的复杂程度也是各不相同。一般来说，阅读器的功能就是读取发射机中标签所存储的信息。但是为了能够更有效地读取正确的信息，阅读器还能够进行更正、奇偶错误的校正等功能。

（3）天线

天线主要是用来连接发射机与接收机之间数据传输的一种发射与接收的装置。在实际的操作中，天线的形状、所处的位置和所需要的功率能够影响发射和接收的效果，同时也需要专业的人员对天线进行合理的设计。

（四）GPS/GIS 技术

1. 全球定位系统（GPS）

全球定位系统 GPS 是目前运用很广泛的一种技术，它主要是结合了卫星与无线技术的一种导航系统，具有全球覆盖范围、高精准、全天 24 小时这三大优势，提供全球范围内的海上、陆地和空中的各个地域的三维定位、精准时间和三维速度的信息。

（1）GPS 系统组成

全球定位系统是美国第二代卫星导航系统，由空间部分、地面监控部分和客户接收机三大部分组成。

地面监控部分主要包括了一个主控站、三个注入站和五个监控站。一般来说,监控站主要的功能是能够获取卫星所发送的数据,并且把这些数据传输给主控站。主控站主要是接收监控站所发送的信息,利用这些数据进行分析和计算每颗 GPS 卫星的正确轨道。注入站主要是负责向卫星发送数据。

(2)利用 GPS 技术实现货物跟踪管理

货物跟踪是指物流运输企业利用现代信息技术及时获取有关货物运输状态的信息,如货物品种、数量、货物在途情况、交货期间、发货地和到达地、货物的货柜、送货责任车辆和人员等。这些信息对企业的运输管理决策具有很高的参考价值,可以为提高企业的运输效率提供可靠的保障。在运输过程之中,企业通过条形码扫描将运输货物的基本信息输入到计算机之中,然后再通过互联网将这些信息归档到企业总部的数据库之中,这样企业可以实现对每一件出库货物的跟踪,并且可以随时对这些货物进行位置和运输状态的查询。

(3)GPS 的物流功能

①实时监控。实时监控是指通过该系统我们可以在任意时刻对载有货物的运输工具进行位置查询。

②双向通信。双向通讯是指 GPS 的使用者,可以通过 GPS 的终端设备与实现与载有该系统的运输工具进行交流。

③数据存储及分析。数据存储和分析是指载有该系统的运输工具可以通过该系统对自己的运输线路进行记录,并帮助运输调度人员安排最合理、最经济的运输线路。

2.地理信息系统(GIS)

地理信息系统 GIS 是从 20 世纪 60 年代开始发展起来的,GIS 系统主要是一种多学科进行集成并且运用在不同领域的一种平台,它主要具有数据传输、数据存储、数据管理、空间分析等功能,主要是为用户进行监测、预测、和决策提供一定的依据。

GIS 系统以地理空间为基础,利用地理模型的分析方法及时提供多种空间、动态的地理信息，从而为有关经济决策服务。GIS在物流领域中的应用，便于企业合理调配和使用各种资源，提高运营效率和经济效益。

在具体的应用领域中，GIS可以帮助分析解决下列问题：

（1）定位（Location）：研究的对象位于何处，周围的环境如何，研究对象相互之间的地理位置关系如何。

（2）条件（Condition）：有哪些地方符合某项事物（或业务）发生（或进行）所设定的特定经济地理条件。

（3）趋势（Trends）：研究对象或环境从某个时间起发生了什么样的变化，今后演变的趋势是怎样的。

（4）模式（Patterns）：研究对象的分布存在哪些空间模式。

（5）模拟（Modeling）：当发生假设条件时，研究对象会发生哪些变化，引起怎样的结果。

GIS最明显的作用就是能够把数据以地图的方式表现出来，把空间要素和属性组合起来就可以制作出各种的信息地图。专题地图的制作从原理上讲并没有超出传统的关系数据库的功能范围，但把空间要素和属性信息联系起来后的应用功能大大增加了，应用范围也扩大了。因而GIS能够支持空间查询和空间分析，空间分析往往是制定规定和决策的重要基础。

（五）EOS与POS技术

1. 电子订货系统（EOS）

EOS即电子自动订货系统（Electronic Ordering System），是指企业间利用通信网络（VAN或互联网）和终端设备以在线联结（On-Line）等方式进行订货作业和订货信息系统交换的系统。

EOS是一种先进的电子商务物流技术，包含了很多先进的管理手段，在企业物流管理中占有十分重要的地位。传统的订货方式，如上门订货、邮寄订货、电话订货、传真订货等，利用EOS可以缩短从接到订单到发出订货的时间，缩短订货商品的交货期，减少商品订单的出错率,从而达到节约成本的目的。

EOS 有利于减少企业的库存水平,提高企业库存效率,使物流过程各个活动环节之间的信息沟通更加便利和迅速,从而大大丰富物流系统所需的信息量。

EOS 系统是由众多零售企业和批发商组成的大系统整体运行。其基本流程大致如下:

(1)在零售企业的终端利用条形码阅读器获取准备采购的商品条形码,并在终端机上输入订货信息,通过增值网络(VAN)传到批发商的计算机中。

(2)批发商开出提货传票,并根据传票,同时开出拣货单,实施拣货,然后依据送货单进行商品发货。

(3)送货传票上的资料便成为零售商的应付账款资料及批发商的应收账款资料。

(4)零售商对收到的货物进行检验后,整个过程告一段落,销售商便可以陈列与销售了。

2.销售时点系统(POS)

POS 即销售时点信息系统(Point of Sale),是指通过自动读取设备(如收银机),在销售商品时直接读取商品销售信息(如商品名、单价、销售量、销售时间、销售企业、购买顾客等),并通过通信网络和计算机系统传送至有关部门进行分析加工提高经营效率的系统。

POS 系统能够对商品进行单品管理、员工管理和客户管理,并能适时自动取得销售时点信息和信息集中管理,紧密地连接着供应链,是物流信息系统管理的站点。

(1)POS 系统的基本内容

POS 系统包括前台 POS 系统和后台 MIS 系统两大基本组成部分。

前台 POS 系统是指通过自动读取设备,如条形码阅读器,在销售商品时直接读取商品销售信息,实现前台销售业务自动化,对商品交易进行实时服务和管理,并通过通信网络和计算机系统传至后台 MIS 系统的信息子系统。

后台 MIS 系统(Management Information System),又称为管理信息系统。它负责整个商场进、销、调、存系统的管理以及财务管理、考勤管理等,根据前台 POS 系统传输的信息,计算、分析与汇总商品销售的各项信息,分析经营成果,为企业的经营决策、实施方案提供依据。

(2)POS 系统的应用

POS 系统把现金收款机作为终端机与计算机联结,并通过光电识读设备为计算机录入商品信息。当商品通过结算台扫描时,商品条形码所显示的信息被录入到计算机,计算机从数据库文件中查询到该商品的名称、价格、包装、代码等,经过数据处理后,打印出数据。零售商店主机的条形码数据和商品价格每天或定期更新并下载至店面微机。

二、现代物流信息技术

(一)物流信息的概念

物流信息的内容可以从狭义和广义两方面来考察。

狭义上来说,物流信息是指与物流活动有关的信息,比如运输信息、仓储信息、保管信息、装卸信息、流通加工信息、配送信息等。企业对于这些信息的决策和管理对企业产品的流通具有重要的意义,比如运输工具的选择、运输线路的确定、货物的跟踪、仓库的利用、订单的管理、对顾客服务水平的提高等。从中我们也可以看出,物流信息对运输、库存、订单、仓库以及货物配送等流通环节的管理具有重要的作用。

广义上来说,物流信息不仅指与物流活动有关的信息,而且包含与物流相关的其他企业活动信息,比如商品交易信息、市场竞争信息、流通政策信息、企业生产信息、财务核算信息等。从广义上看,物流信息的涵盖范围和涉及的环节更多更复杂,它贯穿了从市场信息收集、企业生产决策、资金流动调配、货物运输配送到产品最终消费的整个过程,可以说物流信息是推动整个产品供应链条运作的一个作用依据。

(二)物流信息的特点

1.物流信息时间性强,更新快

企业物流信息动的动态性特别强,并且更新的速度也很快,这就意味着如果企业不能及时对这些信息进行加工、分析和整理,那么其利用价值的衰减会很快。由于企业物流信息的这一特性,如果企业对这些信息进行有效利用,那么企业必须建立完善的物流信息管理系统和交流平台。有了这些措施的保障,物流信息收集、加工、处理的及时性会得到最大程度的保障。

2.物流信息涉及方面广,信息量大

企业产品和资金的流动都会产生企业物,其包含环节之多、涉及范围之广是各种企业管理活动之最,因此物流信息源的分极为零散,信息数量极为巨大。如果企业在这个复杂的经营领域内,没有实现管理的统一化或标准化,那么这些信息量巨大、信息种类丰富的重要决策资源就会因为应用和调度上的不统一而失去作用。

企业的物流信息随着企业的物流活动而大量产生,多品种少量生产和多频度小量配送等现代化生产和经营特点使得企业库存、运输等物流活动产生的信息更加复杂。一般来说,企业产品的代理商或销售商会广泛应用 POS 系统读取销售点的商品品种、价格、数量等即时销售信息,并对这些销售信息加工整理,通过 EDI 系统向相关企业传送。这种现代化的信息收集、分析和分享手段可以有效针对解决企业信息管理中的弊端,将信息的战略资源功能作用发挥出来。

3.物流信息来源多样化

企业的物流活动产生的物流信息不仅包括企业生产信息、库存信息等企业内部的物流信息，而且还包括了企业与企业之间的交流合作、竞争对手市场信息等企业外部信息。从物流管理的角度来说，企业的竞争优势主要体现在各供应链与企业之间合作时的协调与配合程度上。一般来说，企业各供应链的协调合作的手段之一是通过现代化的信息设备与技术将彼此拥有的有价值的信息进行交换和共享，比如 EDI 系统。另外，这种物流活动还经常涉及对道路、港湾、机床等基础设施利用和管理，因此为了高效率地完成物流活动，企业也必在这些与基础设施有关的信息收集与整理上做好必要的工作，如国际物流过程中的港湾作业。

（三）物流信息的重要性

1.信息是物流的重要功能

信息对物流生来就具有极为重要的影响，因为物流的经营和运作都是建立在信息的基础之上的。毫不夸张地说，如果没有足够信息渠道和信息来源，那么任何企业的物流活动都不可能完成，尤其是在社会生产和生活高度信息化的时代。信息之于物流的重要作用主要体现在以下三个方面。

（1）降低仓储成本，提高仓储效率

我们知道货物的存储是企业物流管理的一个重点，这是因为内仓储成本是企业物流活动产生的主要经营成本之一，因此无论是企业内部物流管理还是专业化程度极高的第三方物流企业，都极为重视物流存储管理。信息技术的发展为提高商品出入库速度，提高仓储管理效率提供了极为便利的条件，尤其是条形码信息技术的出现和应用，大幅度提升了商品出入库、货物保管以及商品统计查寻等基础库存管理工作的效率。

（2）保证运输效率和安全

在物流运输过程中，各种现代化的电子信息设备我们已经屡见不鲜，比如安装了 GPS 的运输车辆、配备无线通信设备的快递人员等。这些现代化信息技术的应用，不仅为我们实时了解商品运输和配送情况提供了便利，也为企业提供了改进交通运输线路、提高企业物流管理效率的决策依据。另外，运输设备上的各种电子设备能够帮助运输管理人员即时了解运输车辆状态、预定线路路况以及气象信息等重要运输决策信息。

（3）保证用户服务效率

在商品的货物配送环节中，运用条形码、射频码等技术可以迅速获得配送物品的信息，保证物流配送系统能够最大效率地对货物的配送活动做出安排。电子数据信息技术在商品装卸环节中的应用使商品实现了自动化装卸搬运、模块化单元包装、机械化分类分拣和电子化显示作业，极大地提高了企业物流供应链的运作效率。

2. 信息提升物流、商流、资金流的整体效益

互联网技术的发展和计算机的普及使得 Internet 成为物流信息管理的一种新手段。在互联网的支持和协助下，企业可以高效地对信息收集系统、管理信息系统、信息分析系统、信息决策系统以及信息发布系统进行高效率的运作，这些信息的收集和整合使生产企业、中间商、零售企业等物流供应链中的各个环节有机地联系起来，保证企业做出的管理决策能够在整个物流管理系统中都无阻碍的得到执行，避免因为决策执行困难造成的时间和资金的浪费，提高企业里物流管理的经济和社会效益。

3. 信息提升物流系统的整体效益

电子信息系统的数据收集、分析以及管理具有传统手段不可比拟的巨大优势，依靠便捷、高效的信息处理能力，信息管理系统被广泛运用于由商品和货物的运输、保管、装卸、搬运、包装以及

配送等各个流通环节,实现了整个物流体系的信息共享,为提高物流管理和运作效率提供了可靠的保障,为提升物流系统的整体效益打下了坚实的基础。

(四)物流信息化

1.物流信息化的概念

当代物流产业的一个基本发展趋势就是信息化。物流信息化是指物流企业最终基本经济和社会发展规律,以信息化的管理设备和管理手段对企业的流程和工作方式进行改造或重组。企业物流信息化可以有效地保证企业收集、分析和管理来自各个环节的管理信息,增强企业物流管理决策的科学性,提高企业物流管理的效率。

就目前物流业的发展状况而言,物流企业信息化的程度已经成了衡量其企业实力的一个重要标志,同时也是保持其强大竞争力的主要动力。以信息技术为基础,以计算机等现代化电子信息设备为实现手段的现代物流企业信息管理系统,几乎将其"触手"延伸到了企业物流的每一个角落,其强大的信息处理能力使得企业物流管理控制和集成所有的信息成为现实。有几台计算机,开发几个信息系统,买几台物流设备,不能称其为物流信息化。

2.物流信息化的内容

(1)物流过程信息化

物流过程的信息化也是当前物流企业信息化建设的一个重要内容,实现物流过程信息的基本要求是建立科学高效的现代化物流信息管理系统,形成以物流市场为基础,以物流管理信息为手段的现代化信息管理和决策体系,使每一个管理环节和管理项目都纳入信息管理体系之中。

(2)现代物流信息技术的广泛应用

现代物流信息技术的应用是物流信息化的基本内容,也是物流信息化的技术基础，如果物流信息技术发展不成熟，对其应用也没有达到一定的普及化标准，那么，我们也不能称其为物流信息化。现代物流信息技术是以计算机技术为基础的，另外，信息处理技术、通信技术、Internet 技术、条码（二维码）技术、电子数据交换技术、无线射频技术、地理信息系统、GPS 系统、计算机快速反应技术、电子自动订货系统等也是物流信息化不可或缺的重要技术支持。

计算机是现代科学技术的集中体现，大型计算的广泛应用，个人 PC 的快速普及，为物流信息化提供了最基本的实现条件。这是因为，在目前阶段绝大部分的企业信息现在都是以电子信息的形式出现，并且需要借助计算机对这些信息进行分析和处理才能进行运用。21 世纪别成为信息化世纪，一个没有计算机设备辅助的企业是难以正常运行的，因为如果缺少了计算机企业不能与社会交流信息，企业将处于一个接近封闭的状态，信息交流的受阻会使企业逐步丧失对市场的把握能力，导致错过很多发展机会，甚至会使企业陷入困境逐步走向灭亡。一般来说企业的计算机技术的应用主要包括硬件建设和软件开发运用两个方面。硬件建设主要是指企业购买计算机硬件；软件开发与运用主要是指企业进行软件开发和购置。

（3）物流管理信息化

物流管理工作是一项复杂的企业工作，是一个系统化的复杂工程，其主要功能包括生产组织、调度指挥、组织协调、管理控制等。物流管理信息化管理手段和管理方式的一次革命性转变，具有很多传统管理手段所不具备的优点，我们主要可以概括为以下几点。

①增强物流管理的科学性

通过建立物流管理信息系统，使物流计划制定更加科学合理，更加切合实际，并具有前瞻性，能够帮助企业在复杂的市场竞争环境中最大限度地规避可以避免的风险。

②提供管理效率

信息管理系统可以通过高效的信息收集和反馈实现对企业物流管理效率的提升,彻底改变传统管理"慢""拖""乱"的管理局面,运用现代化的信息管理技术提高企业的物流管理效率。

③优化组织职能

组织职能也将大大优化,更有效率。这是因为在物流信息化的管理模式下,企业可以改变传统的单向指挥(由上而下),建立起一种互动式管理体系(既包含自身而下,又包含自下而上),这样企业的指挥和调度能够得到及时反馈,使整个组织管理体系的职能运作方式得到优化。

(4)重视信息管理机构的建立和人才培养

企业如果想要实现物流信息化,需要借助很多现代化的信息技术与电子信息设备才能实现,而这些前沿的技术和操作能力并不是每个人都能掌握的,因此企业在实现物流信息化的过程当中,也要不遗余力地推进企业人才队伍的建设与管理。在这个过程中,企业除了要做好信息管理硬件设备的引进和维护问题,同时也要改善企业的软实力,提高企业对高、精、尖人才的吸引力,为企业打造一支高素质的物流信息管理员工队伍。

(5)加强企业信息网络及网站建设

现代物流企业物流信息化必须依赖网络才能实现,因此企业对物流信息化的改造和管理必须要建起能够适应企业管理需求的内部网络系统和企业网站,实现企业信息的内部共享与外部联通。企业网络和网站的建设要有的放矢,抓住企业最薄弱的信息管理环节和最需要网站内容合理对其进行规划与设计。

3.物流信息化对企业的影响

(1)物流信息化为物流企业赢得了时间竞争优势

物流信息技术的强大功能不仅可以在物流企业内加速物流信息的处理、存储、传递、使用和反馈,大大提高物流作业效率,而且可以整合企业间的不同信息系统,使物流供应链成员之间沟通信息更为方便、快捷,缩短了时间上的距离,为物流企业建立了一个有效的快速反应系统,从而赢得时间上的竞争优势。

(2)物流信息化拓宽了物流企业的生存发展空间

由于物流信息技术在物流领域的广泛应用,使物流市场和物流企业逐步实现信息化、数字化、网络化,有效合理地配置使用各种资源,方便物流企业进入其他地区、其他行业或其他企业的市场,甚至冲出国门、走向全球,从而大大地拓宽了物流企业的生存发展空间,有利于物流企业适应经济全球化的发展需要。

(3)物流信息化为物流企业走向世界提供了有利条件

物流企业要冲出国门,实现国际化经营,就必须以物流信息化作为信息交流平台。在国际物流条件下,企业的经营管理的理念是准时管理、精益化管理和柔性化管理。而所有这些管理,不仅需要现代技术的支持,而且还需要有一个信息化支撑平台。如准时管理,就需要资金流、物流、信息流合而为一,需要有能支持多功能集成的网络与物流信息化平台。现代物流是当代计算机技术与物流信息技术的运用,是先进物流思想的真实体现。

(4)物流信息化有利于物流企业经营规模的扩张

在发展过程中,物流企业必然会经历这样一个过程。随着企业市场的逐步稳定,企业经营和发展空间扩大,这时候企业往往对经营规模扩张,但物流企业的扩张不同于普通企业的扩张,因为物流企业的扩张的重点不单纯是生产能力的改造,而是将重点集中于商品渠道的拓展,而这些经营领域的扩张带来的是组织成本、管理费用的急速增加,组织管理控制能力的下降以及经营风险的增加,因此,物流企业只有通过信息化、数字化、网络化才能缩短由于经营规模扩张所带来的空间距离,降低组织成本和管理费用,从而形成其竞争优势,提高其市场竞争实力。

第三节　现代信息技术在供应链物流管理中的应用

一、电子商务物流信息系统

（一）电子商务物流信息系统的概念

电子商务物流信息管理系统是由多个子系统组成，各个系统和功能模块相互辅助，共同完成电子商务物流信息的管理。通过相互之间的整合，各个子系统可以合理高效的利用有关的物流信息，保证各个环节相互协调，以实现物流各项职能的圆满化和效率化，并正确而迅速地传递和处理这些信息的信息管理系统。

（二）电子商务物流信息系统的作用

物流系统的不同阶段和不同层次之间通过信息流紧密的联系在一起，因而收集、存储、传输、处理、输出物流信息成为物流信息系统的基本功能。

1.信息收集

任何信息管理系统都是以信息的收集为管理起点的，如果没有有价值的信息，无论这个信息管理系统理论可以具备多么强大的功能，也没有任何实用价值。因此，电子商务物流信息管理系统发挥的第一个功能就是将企业物流信息收集、记录下来，并根据组织的应用需求转化成相应的管理和决策信息，因此我们可以把信息的收集和录入作为整个电子商务物流信息管理系统的基础。由于管理系统对信息真实性和可靠性的要求比较高，因此系统对信息收集和录入的方法和原则也是比较严格的。例如信息收集要注意信息的完善性、准确程度和及时性，等等；信息录入的组织、工作人员以及设备要求严密、精确，等等。

2.信息存储

电子商务信息管理系统在完成最初阶段的信息收集之后，要将这些数据储存起来。简单地说，就是发挥"信息仓库"的功能，保证已得到的物流信息能够不丢失、不走样、不外泄，在组织需求的时候可以随时调用。信息存储功能的实现要考虑信息存储量、信息存储空间、信息格式、存储方式、存储时间、安全保密等问题，并结合组织信息存储和分析设备的状况，选择最适合企业的存储方案。信息存储一般包括物理存储和逻辑存储两个方面，物理存储主要考虑的是信息的存储介质或是地点；逻辑存储必须考虑信息的结构和内在联系，其功能是保证组织调用信息的效率性。

3.信息传输

在进行完信息存储之后，电子商务物流信息管理系统需要把物流信息从一个子系统传送到另一个子系统，或者从一个部门传送到另一个部门，或者从一个组织传送到另一个组织。就目前来看，信息的传递从技术实现的角度来看并不是一件困难的事情，但是考虑到组织对电子商务信息传递的要求，信息传递的完美实现并不是一项简单的工作。在信息的传递过程中，物流信息管理系统的管理者与计划者必须充分考虑所需要传递的信息种类、数量、频率、可靠性、真实性要求等因素。

4.信息处理

为了使用信息的最终应用能够达到预期的目的，电子商务物流信息管理系统就必须将获得的数据和信息进行相应的处理。随着科学技术的发展，信息管理系统能够完成的任务也越来越多样化，信息处理的范围、方法和要求也比之前宽泛了很多。

5.信息输出

根据不同的需求,物流信息系统可以按照不同的格式进行输出,有些信息的输出直接给人使用,有些信息的输出直接给计算机使用,所以说,信息系统的输出结果是否通俗易懂,才是评价物流信息系统的标准之一。

(三)电子商务物流信息系统的功能模块

一般来说,物流管理信息系统包括物品管理、运输与调度管理、配送管理、客户服务、财务管理、人力资源管理子系统、质量管理等,如图 6-2 所示。

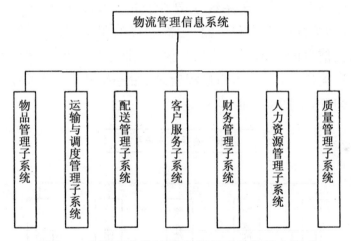

图6-2　电子商务物流信息管理系统的基本构成

1.物品管理子系统

物品管理子系统是物流管理信息系统的重要组成部分,它可以使企业物品仓库的管理全面信息化。物品管理子系统主要包括采购计划管理、采购合同管理、物品出入库管理、物品进销存查询等功能模块(如图 6-3 所示),主要负责从物品的采购计划、审批、物品的国内外采购合同、合同执行情况的跟踪反馈,到物品到货入库、物品发货、结算与统计等业务的调度管理。

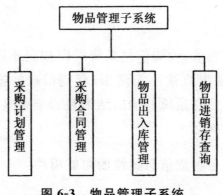

图 6-3　物品管理子系统

2.运输与调度管理子系统

运输与调度管理子系统主要涉及的物流领域是运输任务的产生、各种单据的生成和传输、运输过程的跟踪管理、运费的结算以及相关信息的查询等。一般来说,企业运输调度管理的主要任务包括运输任务产生、运输过程管理、服务结算、运输跟踪和运输信息查询等,如图 6-4 所示。

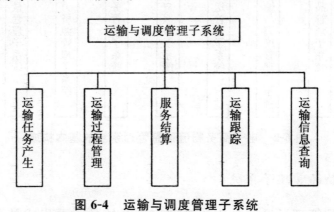

图 6-4　运输与调度管理子系统

3.配送管理子系统

配送是企业物流活动中一种特殊的形式,与此同时配送活动还具有很强的综合性。在配送过程中,企业组织要通过备货、分拣、配送、配装、运输等活动达到将客户所需物品按时送达指定地点的最终目的。配送管理子系统的主要功能就是对企业的货物配送环节进行调度管理。一般来说,企业的配送管理活动主要包括备货管理、配送加工管理、分拣配货管理、配装管理、配送运输管理和送达服务等功能模块,如图 6-5 所示。

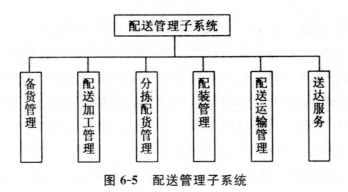

图 6-5 配送管理子系统

4. 客户服务子系统

客户服务子系统主要是指物流企业之间提供物流服务进行管理,为了更好地提高服务质量,需要对客户提供一定的服务,比如信息的跟踪、及时的回访等。

5. 财务管理子系统

财务管理子系统主要是指物流期间所发生的财务关系,对物流成本进行严格的控制。

6. 人力资源管理子系统

人力资源管理子系统主要是指对企业的人员进行管理和培训。

7. 质量管理子系统

质量管理子系统主要是指企业之间对物流过程中的质量进行监控,使得物流的效率得到更好的提高。

二、物流信息平台

(一)物流信息平台的含义

物流信息平台是一个新兴的软件工程学概念,这一平台创立的初衷是为了整合企业的软件资源,激发出企业现有软件资源的最大利用效率。物流信息平台是一个集信息的收集、整理、分析、发布、交流、反馈于一体的综合性信息处理体统,在其支持下企业的各种物流活动都可以统一到一个信息管理中心之下。

简单来说,我们可以将信息平台的构成要素分为四个,即信息源、信息处理模块、信息模块以及信息传输模块,这四个要素缺少任何一点,企业信息平台都无法成立。物流信息平台是一种现代化的交易手段,在其基础之上发展起来电子商务取得了巨大的成果,并且已经为了未来经济发展的一个重要趋势。

(二)信息平台的特性

1. 层次性

综合性信息管理平台是一个十分复杂的管理系统,除了需要具备扎实专业知识的员工进行管理外,还需要对信息平台的工作流程和组建结构进行层次清晰的划分。信息平台的这种层次性规划,实质上是根据企业管理的需要进行划分的,因为这更符合应用便利这一基本原则,通常来说信息平台的组建结构如图 6-6 所示。

图 6-6 企业电子商务信息平台结构

2.目的性

目的性是企业建立信息平台的一个重要特性,因为信息平台建立的目的是统一于企业最高目标之下的,这种目的性是保证平台运作方向不偏离企业目标的基本保障,帮助企业将其经营目标顺利完成。

3.整体性

信息平台从功能性来说是企业管理的一个公用辅助设施,并不是企业为了某一领域的生产或管理专门设立的,企业的任何部门都可以通过这一系统获取自己需要的信息。为了保证信息平台能够为企业的每一个部门服务,信息平台的组建必须从企业整体需求出发,尽量做到资源的共享。

4.相关性

物流信息平台的相关性主要是从信息资源在平台本身具有的共享性和开放性考虑的。无论是信息平台运行的基本流程还是保证其正常运作的技术支持,都可以保证平台这一特性的实现。通常来说,企业物流管理者会将信息平台加工处理过的各种信息作为自己决策的基本依据,而信息平台处理产生的各种数据资料也确实可以帮助企业物流管理人员能够最大效率地提高企业物流管理的效率。

(三)物流信息平台的功能

物流信息平台的功能我们可以从总体功能和基本功能两个方面入手进行分析和介绍。

总体功能:企业电子物流信息平台存在的意义和宗旨就是为企业服务,在为企业提供各种服务的过程中,要满足企业发展对信息的需求,不断提高企业的物流经营和管理效率。

基本功能:企业物流信息平台具有收集信息、整理信息、分析信息、发布信息等基本功能,这些基本可以实现其在服务中的综合信息服务、异构数据交换、物流业务交易支持、货物跟踪能、行业应用托管等基本服务功能,具体如图 6-7 所示。

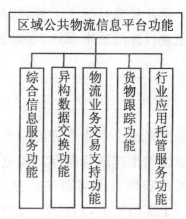

图 6-7　物流信息平台的基本功能

1. 综合信息服务功能

综合信息服务平台可以为不同的企业部门和物流供应链中的多个主题提供信息供给和交流服务,在其作用之下不同部门、不同企业之间会以最高的合作效率展开企业的物流活动。在信息平台上,使用者可以获得货物的运输情况、货物仓储情况,并可以完成信息发布以及查询等工作。

2. 异构数据交换功能

数据交换是信息平台的基本功能,也是实现信息共享的前提条件,但是有时候平台数据的交换会因为双方数据格式、规范的不统一而产生障碍。因此企业在搭建信息平台的过程中,要对各个模块接收和处理数据的格式和规范进行统一,并建立起科学统一的公共信息的标准化操作流程,比如信息采集规范、信息处理规范、信息发布规范等。

3.物流业务交易支持功能

物流信息交流平台是以电子化、数据化的信息处理方式为基础,适应数据化和信息化越来越浓厚的人类社会。通常来说,企业通过构建物流信息平台可以为企业电子商务的开展提供强有力的支持,因为在电子商务中信用认证、安全认证、采购招标、电子订单、快捷支付、网上结算等都离不开这一系统的支持,并且在企业帮助之下企业可以节省大量的交易时间,缩短交易周期。

4.货物跟踪功能

随着物流业的飞速发展,GPS/GIS 技术也逐渐在物流产业中得到了应用,在 GPS/GIS 的帮助之下,客户可以随时了解货物运输、仓储等状况,商品销售者可以随时查看商品的销售状况以及顾客的反馈信息。一般来说,企业的物流信息管理如果要引进 GPS/GIS 技术和设备,需要向服务供应商购买终端,将其安装在运输货物的交通工具之上。

5.行业应用托管服务功能

公共物流信息平台无论是对大企业还是对中小企业都具有很好的辅助作用。对大型企业而言,信息交流平台为其与客户、合作伙伴之间的沟通提供了高效的交流手段;对中小型企业而言,信息管理和交流系统承担起了为其提供物流信息的职责。我国众多中小型物流企业规模小,无力投资完善的信息系统,导致整体服务质量不高,造成地方产业升级困难,物流成本高等现象。不同类型、不同规模的企业通过这一应用服务平台,可以最大限度地提升自身物流管理和运作的效率,保证企业物流的高效性。

(四)物流信息平台的开发实施步骤

1.可行性研究

企业电子商务物流信息平台的建设是建立在必要的分析和

研究之上,不具备可行性的开发实施是不可能取得成功的。一般来说,信息平台的构建者为了保证平台建设实施的可行性,会从以下几个方面入手对建造方案进行全面细致的分析和考评。

(1)明确任务

从信息平台开发的角度出发,平台的设计人员必须保证平台的功能设计能够对企业发展目标的实现提供帮助和支持。这一功能的实现,需要平台的构建者在平台设计过程中明确平台建设的基本任务,并以此为核心对信息系统进行科学的规划和设计。

(2)现有资源调查

信息平台的建设是一个耗时长、工作量大的工作,企业需要耗费大量的人力和物力,因此科学利用企业现有资源,节省平台建造成本是企业在平台建设过程中应该考虑的一个问题。一般来说,企业需要调查的资源包括,企业现有计算机设备、现行供货渠道以及 GPS、GIS 安装运用状况等。

(3)提出方案

企业信息平台的建设方案的提出是建立在我们对企业在现有资源的充分调查和研究之上的,对企业状况的调查和研究可以保证企业信息系统的设计能在最大限度上满足各个部门和物流管理环节的信息需求。

(4)可行性分析

信息系统建设方案的可行性分析是保证企业信息系统建设能够顺利施行的保证。在可行性分析中,方案设计人员应该充分考虑企业环境、企业经营状况等基本要素。

2.系统分析

系统分析包括需求调查、数据分析、功能分析等部分。

(1)需求调查

需求调查是保证企业的信息交流平台能够最大程度发挥自身作用,并且为企业物流管理的各个部门、物流供应链中的合作企业以及物流管理的各个环节提供足够决策支持的需要。另外，需求调查和分析也是企业合理设置信息平台结构、优化信息平台功能组合的需要。

（2）数据分析

数据分析就是对建设方案设计人员在企业需求和企业现状调查过程中获得的大量数据进行整理、分类、汇总、分析和归纳。在分析过程中可以采用数据流图、数据字典法、对比法、数据直方图法、曲线演示法等多种处理手段，根据分析结果最终设计出一套经济、适用的设计方案。

（3）功能分析

企业进行企业物流活动数据的分析，最基本的目的是对这些数据进行整理而后划分，同时也是为了便于将电子商务信息管理系统的各个模块进行功能分类。可以说企业的这些数据是信息系统功能模块设计时的原始依据。

3.开发需求分析

企业电子商务物流信息系统设计在各部分设计之前都要进行开发需求的设计和分析，具体的内容和要求如表 6-1 所示。

表 6-1　目标系统的需求分析

目标系统的限制	性能	响应时间限制：实时性，连贯性 资源利用情况：硬件匹配限制系统精度、质量
	可靠性	有效性、完整性
	安全保密性	安全、保密要求
	运行限制	权限管理、访问量控制
	物理限制	规模、处理能力等

无论是技术上的设计还是功能结构上的安排，企业对物流信

息系统的设计都是为了实现我们上面所描述的几个目的。对物流信息系统进行需求的分析,首先要根据信息平台的逻辑模型建立信息平台的物理模型,即根据目标平台逻辑功能的要求,考虑信息平台的规模、复杂程度等实际条件,确定系统的实施方案。物流信息系统的设计包括功能模块设计、命令代码设计、信息的输入输出设计、数据库设计、可靠性设计、安全性设计等几个方面。企业物流信息系统的完整开发过程如图 6-8 所示。

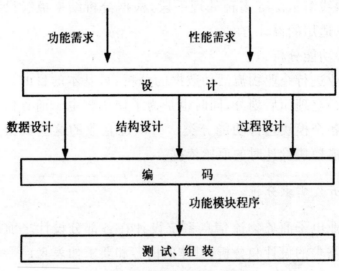

图 6-8　信息系统的开发过程

(1)模块设计

模块是整个信息平台能有效实现其基本功能的基本保障,并且也是首次针对信息平台内部进行层次分解。模块设计和划分实质是从完成功能角度将信息平台进行功能区域的划分,并根据企业的技术能力,信息收集的难度、数量等企业的具体实际,确定采用何种方式调用不同模块之间数据流,并对整个物流信息平台的功能管理进行控制。

(2)代码设计

代码是整个物流信息平台的技术基础,信息平台的设计开发者应该充分结合企业的具体实际确定编码的对象、名称、目的、使用范围、数量、编码方法、编码构成等内容,为平台功能的实现提供保障。

（3）输入输出设计

输入输出设计即人机界面设计，它包括方法的选择、设备的选择、格式设计以及有效性检测等。对于这一层次的设计，信息平台的设计和开发人员应该主要注重两点：

①提供友善的人机交互界面，使用户容易接受。

②对非法输入数据的过滤，即输入数据的有效性检测，尽量过滤掉不符合规定格式的数据。

企业要把握住这两个基本原则对物流信息平台的输入和输出进行设计，这样不仅可以保证用户在使用平台时在视觉上的美好体验，还可以保证平台信息的查询的有效性，从而减少了很多不必要的查询，这对应对网络堵塞，提高整个信息平台的性能具有十分重要的作用。

（4）数据库设计

Web 数据库设计具有极强的专业性，没有扎实专业知识和专业技能很难完成这项工作。Web 数据库虽然属于数据库设计的一种，但是基于互联网条件下的数据库设计与一般性的数据库设计有比较大的差别。互联网的引入使得 Web 数据库必须能够实现快速更新、快速响应，并且具有较大的流量承载能力。因此，出于这些特殊的要求，Web 数据库的管理和设计人员应该做好充分的准备，满足这些设计需求，并保证数据库的稳定性以及可靠性不受影响。

（5）可靠性、安全性设计

可靠性和安全性也是企业信息平台设计的一个基本要求。我们这里所说的安全性和可靠性主要是指存储在数据库的数据信息要做好备份，并保证这些数据不被外泄。

4. 系统构建

（1）软硬件准备

软硬件准备包括软件准备和硬件准备两个部分。硬件准备主要包括中央主机、数据转换器、计算机等，这些硬件设备组成了信息平台的运行基础。软件设备主要包括系统软件、开发信息平台所需的工具软件等，这些软件既是进行信息平台建设和开发的基础，也是信息平台实现其基本功能的基础。

（2）程序设计

在程序设计中，我们必须要对平台建立之后的设备维护、软件升级等工作进行充分的考虑，所以为了保证后期维护工作的条理性在程序设计的过程中一定要有层次有逻辑。

（3）系统测试

信息平台软件测试也是信息平台建设不可缺少的一个环节。平台构建完成后并不能马上投入使用，而是需要经过一系列专业、可靠的测试后才能真正投入使用。这是因为，刚刚构建起来的信息平台无论是在硬件组装还是在软件安装上都可能会存在一些问题，如果不解决这些问题可能会对信息平台的正常使用和可靠性造成影响。

5. 系统维护

为了能够更好地让物流信息平台有效的运转，对系统进行维护才是最后的一个环节，只有不断的维护，才能使得一个平台能够拥有更长的生命力。系统维护主要是在不妨碍平台正常运行的情况下，把平台内的信息进行更新，如果平台出现问题，就需要及时进行解决，或者将故障及时进行隔离，把对用户的影响降到最低。一般来说，系统维护主要包括网页的维护、网站的升级和网页的更新等。

本章小结

供应链与物流都是随着信息时代互联网的普及而产生并飞速发展起来的。因此本章立足于现代信息化技术与信息管理系统，对供应链管理视角下的物流进行分析探究，在提出现代信息管理系统存在问题的基础上讲述了新供应链信息技术与物流信息技术的相关内容,进而阐述了现代信息技术在供应链物流管理中的应用。

附录 1

国务院关于印发物流业发展中长期规划
（2014—2020 年）的通知

国发〔2014〕42 号

各省、自治区、直辖市人民政府，国务院各部委、各直属机构：

现将《物流业发展中长期规划（2014—2020 年）》印发给你们，请认真贯彻执行。

国务院

2014 年 9 月 12 日

物流业发展中长期规划（2014—2020 年）

物流业是融合运输、仓储、货代、信息等产业的复合型服务业，是支撑国民经济发展的基础性、战略性产业。加快发展现代物流业，对于促进产业结构调整、转变发展方式、提高国民经济竞争力和建设生态文明具有重要意义。为促进物流业健康发展，根据党的十八大、十八届三中全会精神和《中华人民共和国国民经济和社会发展第十二个五年规划纲要》、《服务业发展"十二五"规划》等，制定本规划。规划期为 2014—2020 年。

一、发展现状与面临的形势

（一）发展现状。

"十一五"特别是国务院印发《物流业调整和振兴规划》以来，我国物流业保持较快增长，服务能力显著提升，基础设施条件和政策环境明显改善,现代产业体系初步形成,物流业已成为国民经济的重要组成部分。

产业规模快速增长。全国社会物流总额 2013 年达到 197.8 万亿元,比 2005 年增长 3.1 倍,按可比价格计算,年均增长 11.5%。物流业增加值 2013 年达到 3.9 万亿元,比 2005 年增长 2.2 倍,年均增长 11.1%,物流业增加值占国内生产总值的比重由 2005 年的 6.6% 提高到 2013 年的 6.8%,占服务业增加值的比重达到 14.8%。物流业吸纳就业人数快速增加,从业人员从 2005 年的 1780 万人增长到 2013 年的 2890 万人,年均增长 6.2%。

服务能力显著提升。物流企业资产重组和资源整合步伐进一步加快,形成了一批所有制多元化、服务网络化和管理现代化的物流企业。传统运输业、仓储业加速向现代物流业转型,制造业物流、商贸物流、电子商务物流和国际物流等领域专业化、社会化服务能力显著增强,服务水平不断提升,现代物流服务体系初步建立。

技术装备条件明显改善。信息技术广泛应用,大多数物流企业建立了管理信息系统,物流信息平台建设快速推进。物联网、云计算等现代信息技术开始应用,装卸搬运、分拣包装、加工配送等专用物流装备和智能标签、跟踪追溯、路径优化等技术迅速推广。

基础设施网络日趋完善。截至 2013 年底,全国铁路营业里程 10.3 万公里,其中高速铁路 1.1 万公里;全国公路总里程达到 435.6 万公里,其中高速公路 10.45 万公里;内河航道通航里程 12.59 万公里,其中三级及以上高等级航道 1.02 万公里;全国港口拥有万吨级及以上泊位 2001 个,其中沿海港口 1607 个、内河港口 394 个;全国民用运输机场 193 个。2012 年全国营业性库房面积约 13 亿平方米,各种类型的物流园区 754 个。

发展环境不断优化。"十二五"规划纲要明确提出"大力发展现代物流业"。国务院印发《物流业调整和振兴规划》,并制定出台了促进物流业健康发展的政策措施。有关部门和地方政府出台了一系列专项规划和配套措施。社会物流统计制度日趋完善，标准化工作有序推进，人才培养工作进一步加强，物流科技、学术理论研究及产学研合作不断深入。

总体上看，我国物流业已步入转型升级的新阶段。但是，物流业发展总体水平还不高，发展方式比较粗放。主要表现为：一是物流成本高、效率低。2013 年全社会物流总费用与国内生产总值的比率高达 18%，高于发达国家水平 1 倍左右，也显著高于巴西、印度等发展中国家的水平。二是条块分割严重，阻碍物流业发展的体制机制障碍仍未打破。企业自营物流比重高，物流企业规模小，先进技术难以推广，物流标准难以统一，迂回运输、资源浪费的问题突出。三是基础设施相对滞后，不能满足现代物流发展的要求。现代化仓储、多式联运转运等设施仍显不足，布局合理、功能完善的物流园区体系尚未建立，高效、顺畅、便捷的综合交通运输网络尚不健全，物流基础设施之间不衔接、不配套问题比较突出。四是政策法规体系还不够完善，市场秩序不够规范。已经出台的一些政策措施有待进一步落实，一些地方针对物流企业的乱收费、乱罚款问题突出。信用体系建设滞后，物流业从业人员整体素质有待进一步提升。

（二）面临的形势。

当前，经济全球化趋势深入发展，网络信息技术革命带动新技术、新业态不断涌现，物流业发展面临的机遇与挑战并存。伴随全面深化改革，工业化、信息化、新型城镇化和农业现代化进程持续推进，产业结构调整和居民消费升级步伐不断加快，我国物流业发展空间越来越广阔。

物流需求快速增长。农业现代化对大宗农产品物流和鲜活农产品冷链物流的需求不断增长。新型工业化要求加快建立规模化、现代化的制造业物流服务体系。居民消费升级以及新型城镇化步伐加快，迫切需要建立更加完善、便捷、高效、安全的消费品物流配送体系。此外，电子商务、网络消费等新兴业态快速发展,快递物流等需求也将继续快速增长。

新技术、新管理不断出现。信息技术和供应链管理不断发展并在物流业得到广泛运用,为广大生产流通企业提供了越来越低成本、高效率、多样化、精益化的物流服务,推动制造业专注核心业务和商贸业优化内部分工,以新技术、新管理为核心的现代物流体系日益形成。随着城乡居民消费能力的增强和消费方式的逐步转变,全社会物流服务能力和效率持续提升,物流成本进一步降低、流通效率明显提高,物流业市场竞争加剧。

资源环境约束日益加强。随着社会物流规模的快速扩大、能源消耗和环境污染形势的加重、城市交通压力的加大,传统的物流运作模式已难以为继。按照建设生态文明的要求,必须加快运用先进运营管理理念,不断提高信息化、标准化和自动化水平,促进一体化运作和网络化经营,大力发展绿色物流,推动节能减排,切实降低能耗、减少排放、缓解交通压力。

国际竞争日趋激烈。随着国际产业转移步伐不断加快和服务贸易快速发展,全球采购、全球生产和全球销售的物流发展模式正在日益形成,迫切要求我国形成一批深入参与国际分工、具有国际竞争力的跨国物流企业,畅通与主要贸易伙伴、周边国家便捷高效的国际物流大通道,形成具有全球影响力的国际物流中心,以应对日益激烈的全球物流企业竞争。

二、总体要求

(一)指导思想。

以邓小平理论、"三个代表"重要思想、科学发展观为指导,深入贯彻党的十八大和十八届二中、三中全会精神,全面落实党中央、国务院各项决策部署,按照加快转变发展方式、建设生态文明的要求,适应信息技术发展的新趋势,以提高物流效率、降低物流成本、减轻资源和环境压力为重点,以市场为导向,以改革开放为动力,以先进技术为支撑,积极营造有利于现代物流业发展的政策环境,着力建立和完善现代物流服务体系,加快提升物流业发展水平,促进产业结构调整和经济提质增效升级,增强国民经济竞争力,为全面建成小康社会提供物流服务保障。

（二）主要原则。

市场运作,政府引导。使市场在资源配置中起决定性作用和更好发挥政府作用,强化企业的市场主体地位,积极发挥政府在战略、规划、政策、标准等方面的引导作用。

优化结构,提升水平。加快传统物流业转型升级,建立和完善社会化、专业化的物流服务体系,大力发展第三方物流。形成一批具有较强竞争力的现代物流企业,扭转"小、散、弱"的发展格局,提升产业规模和发展水平。

创新驱动,协同发展。加快关键技术装备的研发应用,提升物流业信息化和智能化水平,创新运作管理模式,提高供应链管理和物流服务水平,形成物流业与制造业、商贸业、金融业协同发展的新优势。

节能减排,绿色环保。鼓励采用节能环保的技术、装备,提高物流运作的组织化、网络化水平,降低物流业的总体能耗和污染物排放水平。

完善标准,提高效率。推动物流业技术标准体系建设,加强一体化运作,实现物流作业各环节、各种物流设施设备以及物流信息的衔接配套,促进物流服务体系高效运转。

深化改革,整合资源。深化物流业管理体制改革,进一步简政放权,打破行业、部门和地区分割,反对垄断和不正当竞争,统筹城市和乡村、国际和国内物流体系建设,建立有利于资源整合和优化配置的体制机制。

（三）发展目标。

到 2020 年,基本建立布局合理、技术先进、便捷高效、绿色环保、安全有序的现代物流服务体系。

物流的社会化、专业化水平进一步提升。物流业增加值年均增长 8% 左右,物流业增加值占国内生产总值的比重达到 7.5% 左右。第三方物流比重明显提高。新的物流装备、技术广泛应用。

物流企业竞争力显著增强。一体化运作、网络化经营能力进一步提高,信息化和供应链管理水平明显提升,形成一批具有国际竞争力的大型综合物流企业集团和物流服务品牌。

物流基础设施及运作方式衔接更加顺畅。物流园区网络体系布局更加合理,多式联运、甩挂运输、共同配送等现代物流运作方式保持较快发展,物流集聚发展的效益进一步显现。

物流整体运行效率显著提高。全社会物流总费用与国内生产总值的比率由 2013 年的 18％ 下降到 16％ 左右,物流业对国民经济的支撑和保障能力进一步增强。

三、发展重点

（一）着力降低物流成本。

打破条块分割和地区封锁,减少行政干预,清理和废除妨碍全国统一市场和公平竞争的各种规定和做法,建立统一开放、竞争有序的全国物流服务市场。进一步优化通行环境,加强和规范收费公路管理,保障车辆便捷高效通行,积极采取有力措施,切实加大对公路乱收费、乱罚款的清理整顿力度,减少不必要的收费点,全面推进全国主要高速公路不停车收费系统建设。加快推进联通国内、国际主要经济区域的物流通道建设,大力发展多式联运,努力形成京沪、京广、欧亚大陆桥、中欧铁路大通道、长江黄金水道等若干条货畅其流、经济便捷的跨区域物流大通道。

（二）着力提升物流企业规模化、集约化水平。

鼓励物流企业通过参股控股、兼并重组、协作联盟等方式做大做强,形成一批技术水平先进、主营业务突出、核心竞争力强的大型现代物流企业集团,通过规模化经营提高物流服务的一体化、网络化水平,形成大小物流企业共同发展的良好态势。鼓励运输、仓储等传统物流企业向上下游延伸服务,推进物流业与其他产业互动融合,协同发展。鼓励物流企业与制造企业深化战略合作,建立与新型工业化发展相适应的制造业物流服务体系,形成一批具有全球采购、全球配送能力的供应链服务商。鼓励商贸物流企业提高配送的规模化和协同化水平,加快电子商务物流发展,建立快速便捷的城乡配送物流体系。支持快递业整合资源,与民航、铁路、公路等运输行业联动发展,加快形成一批具有国际竞争力的大型快递企业,构建覆盖城乡的快递物流服务体系。支持航空货运企业兼并重组、做强做大,提高物流综合服务能力。充分发挥邮政的网络、信息和服务优势,深入推动邮政与电子商务企业的战略合作,发展电商小包等新型邮政业务。进一步完善邮政基础设施网络,鼓励各地邮政企业因地制宜地发展农村邮政物流服务,推动农资下乡和农产品进城。

(三)着力加强物流基础设施网络建设。

推进综合交通运输体系建设,合理规划布局物流基础设施,完善综合运输通道和交通枢纽节点布局,构建便捷、高效的物流基础设施网络,促进多种运输方式顺畅衔接和高效中转,提升物流体系综合能力。优化航空货运网络布局,加快国内航空货运转运中心、连接国际重要航空货运中心的大型货运枢纽建设。推进"港站一体化",实现铁路货运站与港口码头无缝衔接。完善物流转运设施,提高货物换装的便捷性和兼容性。加快煤炭外运、"北粮南运"、粮食仓储等重要基础设施建设,解决突出的运输"卡脖子"问题。加强物流园区规划布局,进一步明确功能定位,整合和规范现有园区,节约、集约用地,提高资源利用效率和管理水平。在大中城市和制造业基地周边加强现代化配送中心规划,在城市社区和村镇布局建设共同配送末端网点,优化城市商业区和大型社区物流基础设施的布局建设,形成层级合理、规模适当、需求匹配的物流仓储配送网络。进一步完善应急物流基础设施,积极有效应对突发自然灾害、公共卫生事件以及重大安全事故。

四、主要任务

(一)大力提升物流社会化、专业化水平。

鼓励制造企业分离外包物流业务,促进企业内部物流需求社会化。优化制造业、商贸业集聚区物流资源配置,构建中小微企业公共物流服务平台,提供社会化物流服务。着力发展第三方物流,引导传统仓储、运输、国际货代、快递等企业采用现代物流管理理念和技术装备,提高服务能力;支持从制造企业内部剥离出来的物流企业发挥专业化、精益化服务优势,积极为社会提供公共物流服务。鼓励物流企业功能整合和业务创新,不断提升专业化服务水平,积极发展定制化物流服务,满足日益增长的个性化物流需求。进一步优化物流组织模式,积极发展共同配送、统一配送,提高多式联运比重。

(二)进一步加强物流信息化建设。

加强北斗导航、物联网、云计算、大数据、移动互联等先进信息技术在物流领域的应用。加快企业物流信息系统建设,发挥核心物流企业整合能力,打通物流信息链,实现物流信息全程可追踪。加快物流公共信息平台建设,积极推进全社会物流信息资源的开发利用,支持运输配载、跟踪追溯、库存监控等有实际需求、具备可持续发展前景的物流信息平台发展,鼓励各类平台创新运营服务模式。进一步推进交通运输物流公共信息平台发展,整合铁路、公路、水路、民航、邮政、海关、检验检疫等信息资源,促进物流信息与公共服务信息有效对接,鼓励区域间和行业内的物流平台信息共享,实现互联互通。

(三)推进物流技术装备现代化。

加强物流核心技术和装备研发,推动关键技术装备产业化,鼓励物流企业采用先进适用技术和装备。加快食品冷链、医药、烟草、机械、汽车、干散货、危险化学品等专业物流装备的研发,提升物流装备的专业化水平。积极发展标准化、厢式化、专业化的公路货运车辆,逐步淘汰栏板式货车。推广铁路重载运输技术装备,积极发展铁路特种、专用货车以及高铁快件等运输技术装备,加强物流安全检测技术与装备的研发和推广应用。吸收引进国际先进物流技术,提高物流技术自主创新能力。

(四)加强物流标准化建设。

加紧编制并组织实施物流标准中长期规划,完善物流标准体系。按照重点突出、结构合理、层次分明、科学适用、基本满足发展需要的要求，完善国家物流标准体系框架，加强通用基础类、公共类、服务类及专业类物流标准的制定工作，形成一批对全国物流业发展和服务水平提升有重大促进作用的物流标准。注重物流标准与其他产业标准以及国际物流标准的衔接，科学划分推荐性和强制性物流标准，加大物流标准的实施力度，努力提升物流服务、物流枢纽、物流设施设备的标准化运作水平。调动企业在标准制修订工作中的积极性，推进重点物流企业参与专业领域物流技术标准和管理标准的制定和标准化试点工作。加强物流标准的培训宣传和推广应用。

（五）推进区域物流协调发展。

落实国家区域发展整体战略和产业布局调整优化的要求，继续发挥全国性物流节点城市和区域性物流节点城市的辐射带动作用，推动区域物流协调发展。按照建设丝绸之路经济带、海上丝绸之路、长江经济带等重大战略规划要求，加快推进重点物流区域和联通国际国内的物流通道建设，重点打造面向中亚、南亚、西亚的战略物流枢纽及面向东盟的陆海联运、江海联运节点和重要航空港，建立省际和跨国合作机制，促进物流基础设施互联互通和信息资源共享。东部地区要适应居民消费加快升级、制造业转型、内外贸一体化的趋势，进一步提升商贸物流、制造业物流和国际物流的服务能力，探索国际国内物流一体化运作模式。按照推动京津冀协同发展、环渤海区域合作和发展等要求，加快商贸物流业一体化进程。中部地区要发挥承东启西、贯通南北的区位优势，加强与沿海、沿边地区合作，加快陆港、航空口岸建设，构建服务于产业转移、资源输送和南北区域合作的物流通道和枢纽。西部地区要结合推进丝绸之路经济带建设，打造物流通道，改善区域物流条件，积极发展具有特色优势的农产品、矿产品等大宗商品物流产业。东北地区要加快构建东北亚沿边物流带，形成面向俄罗斯、连接东北亚及欧洲的物流大通道，重点推进制造业物流和粮食等大宗资源型商品物流发展。物流节点城市是区域物流发展的重要枢纽,要根据产业特点、发展水平、设施状况、市场需求、功能定位等,加强物流基础设施的规划布局,改善产业发展环境。

(六)积极推动国际物流发展。

加强枢纽港口、机场、铁路、公路等各类口岸物流基础设施建设。以重点开发开放试验区为先导,结合发展边境贸易,加强与周边国家和地区的跨境物流体系和走廊建设,加快物流基础设施互联互通,形成一批国际货运枢纽,增强进出口货物集散能力。加强境内外口岸、内陆与沿海、沿边口岸的战略合作,推动海关特殊监管区域、国际陆港、口岸等协调发展,提高国际物流便利化水平。建立口岸物流联检联动机制,进一步提高通关效率。积极构建服务于全球贸易和营销网络、跨境电子商务的物流支撑体系,为国内企业"走出去"和开展全球业务提供物流服务保障。支持优势物流企业加强联合,构建国际物流服务网络,打造具有国际竞争力的跨国物流企业。

(七)大力发展绿色物流。

优化运输结构,合理配置各类运输方式,提高铁路和水路运输比重,促进节能减排。大力发展甩挂运输、共同配送、统一配送等先进的物流组织模式,提高储运工具的信息化水平,减少返空、迂回运输。鼓励采用低能耗、低排放运输工具和节能型绿色仓储设施,推广集装单元化技术。借鉴国际先进经验,完善能耗和排放监测、检测认证制度,加快建立绿色物流评估标准和认证体系。加强危险品水运管理,最大限度减少环境事故。鼓励包装重复使用和回收再利用,提高托盘等标准化器具和包装物的循环利用水平,构建低环境负荷的循环物流系统。大力发展回收物流,鼓励生产者、再生资源回收利用企业联合开展废旧产品回收。推广应用铁路散堆装货物运输抑尘技术。

五、重点工程

(一)多式联运工程。

加快多式联运设施建设,构建能力匹配的集疏运通道,配备现代化的中转设施,建立多式联运信息平台。完善港口的铁路、公路集疏运设施,提升临港铁路场站和港站后方通道能力。推进铁路专用线建设,发挥铁路集装箱中心站作用,推进内陆城市和港口的集装箱场站建设。构建与铁路、机场和公路货运站能力匹配的公路集疏运网络系统。发展海铁联运、铁水联运、公铁联运、陆空联运,加快推进大宗散货水铁联运、集装箱多式联运,积极发展干支直达和江海直达等船舶运输组织方式,探索构建以半挂车为标准荷载单元的铁路驮背运输、水路滚装运输等多式联运体系。

(二)物流园区工程。

在严格符合土地利用总体规划、城市总体规划的前提下,按照节约、集约用地的原则,在重要的物流节点城市加快整合与合理布局物流园区,推进物流园区水、电、路、通信设施和多式联运设施建设,加快现代化立体仓库和信息平台建设,完善周边公路、铁路配套,推广使用甩挂运输等先进运输方式和智能化管理技术,完善物流园区管理体制,提升管理和服务水平。结合区位特点和物流需求,发展货运枢纽型、生产服务型、商贸服务型、口岸服务型和综合服务型物流园区,以及农产品、农资、钢铁、煤炭、汽车、医药、出版物、冷链、危险货物运输、快递等专业类物流园区,发挥物流园区的示范带动作用。

(三)农产品物流工程。

加大粮食仓储设施建设和维修改造力度,满足粮食收储需要。引进先进粮食仓储设备和技术,切实改善粮食仓储条件。积极推进粮食现代物流设施建设,发展粮食储、运、装、卸"四散化"和多式联运,开通从东北入关的铁路散粮列车和散粮集装箱班列,加强粮食产区的收纳和发放设施、南方销区的铁路和港口散粮接卸设施建设,解决"北粮南运"运输"卡脖子"问题。推进棉花运输装卸机械化、仓储现代化、管理信息化,加强主要产销区的物流节点及铁路专用线建设,支持企业开展纺织配棉配送服务。加强"南糖北运"及产地的运输、仓储等物流设施建设。加强鲜活农产品冷链物流设施建设,支持"南菜北运"和大宗鲜活农产品产地预冷、初加工、冷藏保鲜、冷链运输等设施设备建设,形成重点品种农产品物流集散中心,提升批发市场等重要节点的冷链设施水平,完善冷链物流网络。

(四)制造业物流与供应链管理工程。

支持建设与制造业企业紧密配套、有效衔接的仓储配送设施和物流信息平台,鼓励各类产业聚集区域和功能区配套建设公共外仓,引进第三方物流企业。鼓励传统运输、仓储企业向供应链上下游延伸服务,建设第三方供应链管理平台,为制造业企业提供供应链计划、采购物流、入厂物流、交付物流、回收物流、供应链金融以及信息追溯等集成服务。加快发展具有供应链设计、咨询管理能力的专业物流企业,着力提升面向制造业企业的供应链管理服务水平。

(五)资源型产品物流工程。

依托煤炭、石油、铁矿石等重要产品的生产基地和市场,加快资源型产品物流集散中心和物流通道建设。推进晋陕蒙(西)宁甘、内蒙古东部、新疆等煤炭外运重点通道建设,重点建设环渤海等大型煤炭储配基地和重点煤炭物流节点。统筹油气进口运输通道和国内储运体系建设,加快跨区域、与周边国家和地区紧密连接的油气运输通道建设,加强油气码头建设,鼓励发展油船、液化天然气船,加强铁矿石等重要矿产品港口(口岸)物流设施建设。

(六)城乡物流配送工程。

加快完善城乡配送网络体系,统筹规划、合理布局物流园区、配送中心、末端配送网点等三级配送节点,搭建城市配送公共服务平台,积极推进县、乡、村消费品和农资配送网络体系建设。进一步发挥邮政及供销合作社的网络和服务优势,加强农村邮政网点、村邮站、"三农"服务站等邮政终端设施建设,促进农村地区商品的双向流通。推进城市绿色货运配送体系建设,完善城市配送车辆标准和通行管控措施,鼓励节能环保车辆在城市配送中的推广应用。加快现代物流示范城市的配送体系发展,建设服务连锁经营企业和网络销售企业的跨区域配送中心。发展智能物流基础设施,支持农村、社区、学校的物流快递公共取送点建设。鼓励交通、邮政、商贸、供销、出版物销售等开展联盟合作,整合利用现有物流资源,进一步完善存储、转运、停靠、卸货等基础设施,加强服务网络建设,提高共同配送能力。

(七)电子商务物流工程。

适应电子商务快速发展需求,编制全国电子商务物流发展规划,结合国家电子商务示范城市、示范基地、物流园区、商业设施等建设,整合配送资源,构建电子商务物流服务平台和配送网络。建成一批区域性仓储配送基地,吸引制造商、电商、快递和零担物流公司、第三方服务公司入驻,提高物流配送效率和专业化服务水平。探索利用高铁资源,发展高铁快件运输。结合推进跨境贸易电子商务试点,完善一批快递转运中心。

(八)物流标准化工程。

重点推进物流技术、信息、服务、运输、货代、仓储、粮食等农产品及加工食品、医药、汽车、家电、电子商务、邮政(含快递)、冷链、应急等物流标准的制修订工作,积极着手开展钢铁、机械、煤炭、铁矿石、石油石化、建材、棉花等大宗产品物流标准的研究制订工作。支持仓储和转运设施、运输工具、停靠和卸货站点的标准化建设和改造,制定公路货运标准化电子货单,推广托盘、集装箱、集装袋等标准化设施设备,建立全国托盘共用体系,推进管理软件接口标准化,全面推广甩挂运输试点经验。开展物流服务认证试点工作,推进物流领域检验检测体系建设,支持物流企业开展质量、环境和职业健康安全管理体系认证。

(九)物流信息平台工程。

整合现有物流信息服务平台资源,形成跨行业和区域的智能物流信息公共服务平台。加强综合运输信息、物流资源交易、电子口岸和大宗商品交易等平台建设,促进各类平台之间的互联互通和信息共享。鼓励龙头物流企业搭建面向中小物流企业的物流信息服务平台,促进货源、车源和物流服务等信息的高效匹配,有效降低货车空驶率。以统一物品编码体系为依托,建设衔接企业、消费者与政府部门的第三方公共服务平台,提供物流信息标准查询、对接服务。建设智能物流信息平台,形成集物流信息发布、在线交易、数据交换、跟踪追溯、智能分析等功能为一体的物流信息服务中心。加快推进国家交通运输物流公共信息平台建设,依托东北亚物流信息服务网络等已有平台,开展物流信息化国际合作。

(十)物流新技术开发应用工程。

支持货物跟踪定位、无线射频识别、可视化技术、移动信息服务、智能交通和位置服务等关键技术攻关,研发推广高性能货物搬运设备和快速分拣技术,加强沿海和内河船型、商用车运输等重要运输技术的研发应用。完善物品编码体系,推动条码和智能标签等标识技术、自动识别技术以及电子数据交换技术的广泛应用。推广物流信息编码、物流信息采集、物流载体跟踪、自动化控制、管理决策支持、信息交换与共享等领域的物流信息技术。鼓励新一代移动通信、道路交通信息通信系统、自动导引车辆、不停车收费系统以及托盘等集装单元化技术普及。推动北斗导航、物联网、云计算、大数据、移动互联等技术在产品可追溯、在线调度管理、全自动物流配送、智能配货等领域的应用。

(十一)再生资源回收物流工程。

加快建立再生资源回收物流体系,重点推动包装物、废旧电器电子产品等生活废弃物和报废工程机械、农作物秸秆、消费品加工中产生的边角废料等有使用价值废弃物的回收物流发展。加大废弃物回收物流处理设施的投资力度,加快建设一批回收物流中心,提高回收物品的收集、分拣、加工、搬运、仓储、包装、维修等管理水平,实现废弃物的妥善处置、循环利用、无害环保。

(十二)应急物流工程。

建立统一协调、反应迅捷、运行有序、高效可靠的应急物流体系,建设集满足多种应急需要为一体的物流中心,形成一批具有较强应急物流运作能力的骨干物流企业。加强应急仓储、中转、配送设施建设，提升应急物流设施设备的标准化和现代化水平，提高应急物流效率和应急保障能力。建立和完善应急物流信息系统，规范协调调度程序，优化信息流程、业务流程和管理流程，推进应急生产、流通、储备、运输环节的信息化建设和应急信息交换、数据共享。

六、保障措施

（一）深化改革开放。

加快推进物流管理体制改革，完善各层级的物流政策综合协调机制，进一步发挥全国现代物流工作部际联席会议作用。按照简政放权、深化行政审批制度改革的要求，建立公平透明的市场准入标准，进一步放宽对物流企业资质的行政许可和审批条件，改进审批管理方式。落实物流企业设立非法人分支机构的相关政策，鼓励物流企业开展跨区域网络化经营。引导企业改革"大而全"、"小而全"的物流运作模式，制定支持企业分离外包物流业务和加快发展第三方物流的措施，充分整合利用社会物流资源，提高规模化水平。加强与主要贸易对象国及台港澳等地区的政策协调和物流合作，推动国内物流企业与国际先进物流企业合作交流，支持物流企业"走出去"。做好物流业外资并购安全审查工作，扩大商贸物流、电子商务领域的对外开放。

（二）完善法规制度。

尽快从国民经济行业分类、产业统计、工商注册及税目设立等方面明确物流业类别，进一步明确物流业的产业地位。健全物流业法律法规体系，抓紧研究制修订物流业安全监管、交通运输管理和仓储管理等相关法律法规或部门规章，开展综合性法律的立法准备工作，在此基础上择机研究制订物流业促进方面的法律法规。

（三）规范市场秩序。

加强对物流市场的监督管理，完善物流企业和从业人员信用记录,纳入国家统一的信用信息平台。增强企业诚信意识,建立跨地区、跨行业的联合惩戒机制,加大对失信行为的惩戒力度。加强物流信息安全管理,禁止泄露转卖客户信息。加强物流服务质量满意度监测,开展安全、诚信、优质服务创建活动。鼓励企业整合资源、加强协作,提高物流市场集中度和集约化运作水平,减少低水平无序竞争。加强对物流业市场竞争行为的监督检查,依法查处不正当竞争和垄断行为。

(四)加强安全监管。

加强对物流企业的安全管理,督促物流企业切实履行安全主体责任,严格执行国家强制标准,保证运输装备产品的一致性。加强对物流车辆和设施设备的检验检测,确保车辆安全性符合国家规定、设施设备处于良好状态。禁止超载运输,规范超限运输。危险货物运输要强化企业经理人员安全管理职责和车辆动态监控。加大安全生产经费投入,及时排查整改安全隐患。加大物流业贯彻落实国家信息安全等级保护制度力度,按照国家信息安全等级保护管理规范和技术标准要求同步实施物流信息平台安全建设,提高网络安全保障能力。建立健全物流安全监管信息共享机制,物流信息平台及物流企业信息系统要按照统一技术标准建设共享信息的技术接口。道路、铁路、民航、航运、邮政部门要进一步规范货物收运、收寄流程,进一步落实货物安全检查责任,采取严格的货物安全检查措施并增加开箱检查频次,加大对瞒报货物品名行为的查处力度,严防普通货物中夹带违禁品和危险品。推广使用技术手段对集装箱和货运物品进行探测查验,提高对违禁品和危险品的发现能力。加大宣传教育力度,曝光违法违规托运和夹带违禁品、危险品的典型案件和查处结果,增强公众守法意识。

(五)完善扶持政策。

加大土地等政策支持力度,着力降低物流成本。落实和完善支持物流业发展的用地政策,依法供应物流用地,积极支持利用工业企业旧厂房、仓库和存量土地资源建设物流设施或者提供物流服务,涉及原划拨土地使用权转让或者租赁的,应按规定办理土地有偿使用手续。认真落实物流业相关税收优惠政策。研究完善支持物流企业做强做大的扶持政策,培育一批网络化、规模化发展的大型物流企业。严格执行鲜活农产品运输"绿色通道"政策。研究配送车辆进入城区作业的相关政策,完善城市配送车辆通行管控措施。完善物流标准化工作体系,建立相关部门、行业组织和标准技术归口单位的协调沟通机制。

(六)拓宽投资融资渠道。

多渠道增加对物流业的投入,鼓励民间资本进入物流领域。引导银行业金融机构加大对物流企业的信贷支持,针对物流企业特点推动金融产品创新,推动发展新型融资方式,为物流业发展提供更便利的融资服务。支持符合条件的物流企业通过发行公司债券、非金融企业债务融资工具、企业债券和上市等多种方式拓宽融资渠道。继续通过政府投资对物流业重点领域和薄弱环节予以支持。

(七)加强统计工作。

提高物流业统计工作水平,明确物流业统计的基本概念,强化物流统计理论和方法研究,科学划分物流业统计的行业类别,完善物流业统计制度和评价指标体系,促进物流统计台账和会计核算科目建设,做好社会物流总额和社会物流成本等指标的调查统计工作,及时准确反映物流业的发展规模和运行效率;构建组织体系完善、调查方法科学、技术手段先进、队伍素质优良的现代物流统计体系,推动各省(区、市)全面开展物流统计工作,进一步提高物流统计数据质量和工作水平,为政府宏观管理和企业经营决策提供参考依据。

(八)强化理论研究和人才培养。

加强物流领域理论研究,完善我国现代物流业理论体系,积极推进产学研用结合。着力完善物流学科体系和专业人才培养体系,以提高实践能力为重点,按照现代职业教育体系建设要求,探索形成高等学校、中等职业学校与有关部门、科研院所、行业协会和企业联合培养人才的新模式。完善在职人员培训体系,鼓励培养物流业高层次经营管理人才,积极开展职业培训,提高物流业从业人员业务素质。

(九)发挥行业协会作用。

要更好地发挥行业协会的桥梁和纽带作用,做好调查研究、技术推广、标准制订和宣传推广、信息统计、咨询服务、人才培养、理论研究、国际合作等方面的工作。鼓励行业协会健全和完善各项行业基础性工作,积极推动行业规范自律和诚信体系建设,推动行业健康发展。

七、组织实施

各地区、各部门要充分认识促进物流业健康发展的重大意义,采取有力措施,确保各项政策落到实处、见到实效。地方各级人民政府要加强组织领导,完善协调机制,结合本地实际抓紧制定具体落实方案,及时将实施过程中出现的新情况、新问题报送发展改革委和交通运输部、商务部等有关部门。国务院各有关部门要加强沟通,密切配合,根据职责分工完善各项配套政策措施。发展改革委要加强统筹协调,会同有关部门研究制定促进物流业发展三年行动计划,明确工作安排及时间进度,并做好督促检查和跟踪分析,重大问题及时报告。

附录2

推动共建丝绸之路经济带和 21 世纪
海上丝绸之路的愿景与行动

国家发展改革委 外交部　商务部
（经国务院授权发布）

2015 年 3 月

目录

前言

2000 多年前，亚欧大陆上勤劳勇敢的人民，探索出多条连接亚欧非几大文明的贸易和人文交流通路，后人将其统称为"丝绸之路"。千百年来，"和平合作、开放包容、互学互鉴、互利共赢"的丝绸之路精神薪火相传，推进了人类文明进步，是促进沿线各国繁荣发展的重要纽带，是东西方交流合作的象征，是世界各国共有的历史文化遗产。

进入 21 世纪,在以和平、发展、合作、共赢为主题的新时代,面对复苏乏力的全球经济形势,纷繁复杂的国际和地区局面,传承和弘扬丝绸之路精神更显重要和珍贵。

2013 年 9 月和 10 月,中国国家主席习近平在出访中亚和东南亚国家期间,先后提出共建"丝绸之路经济带"和"21 世纪海上丝绸之路"(以下简称"一带一路")的重大倡议,得到国际社会高度关注。中国国务院总理李克强参加 2013 年中国—东盟博览会时强调,铺就面向东盟的海上丝绸之路,打造带动腹地发展的战略支点。加快"一带一路"建设,有利于促进沿线各国经济繁荣与区域经济合作,加强不同文明交流互鉴,促进世界和平发展,是一项造福世界各国人民的伟大事业。

"一带一路"建设是一项系统工程,要坚持共商、共建、共享原则,积极推进沿线国家发展战略的相互对接。为推进实施"一带一路"重大倡议,让古丝绸之路焕发新的生机活力,以新的形式使亚欧非各国联系更加紧密,互利合作迈向新的历史高度,中国政府特制定并发布《推动共建丝绸之路经济带和 21 世纪海上丝绸之路的愿景与行动》。

一、时代背景

当今世界正发生复杂深刻的变化,国际金融危机深层次影响继续显现,世界经济缓慢复苏、发展分化,国际投资贸易格局和多边投资贸易规则酝酿深刻调整,各国面临的发展问题依然严峻。共建"一带一路"顺应世界多极化、经济全球化、文化多样化、社会信息化的潮流,秉持开放的区域合作精神,致力于维护全球自由贸易体系和开放型世界经济。共建"一带一路"旨在促进经济要素有序自由流动、资源高效配置和市场深度融合,推动沿线各国实现经济政策协调,开展更大范围、更高水平、更深层次的区域合作,共同打造开放、包容、均衡、普惠的区域经济合作架构。共建"一带一路"符合国际社会的根本利益,彰显人类社会共同理想和美好追求,是国际合作以及全球治理新模式的积极探索,将为世界和平发展增添新的正能量。

共建"一带一路"致力于亚欧非大陆及附近海洋的互联互通,建立和加强沿线各国互联互通伙伴关系,构建全方位、多层次、复合型的互联互通网络,实现沿线各国多元、自主、平衡、可持续的发展。"一带一路"的互联互通项目将推动沿线各国发展战略的对接与耦合,发掘区域内市场的潜力,促进投资和消费,创造需求和就业,增进沿线各国人民的人文交流与文明互鉴,让各国人民相逢相知、互信互敬,共享和谐、安宁、富裕的生活。

当前,中国经济和世界经济高度关联。中国将一以贯之地坚持对外开放的基本国策,构建全方位开放新格局,深度融入世界经济体系。推进"一带一路"建设既是中国扩大和深化对外开放的需要,也是加强和亚欧非及世界各国互利合作的需要,中国愿意在力所能及的范围内承担更多责任义务,为人类和平发展作出更大的贡献。

二、共建原则

恪守联合国宪章的宗旨和原则。遵守和平共处五项原则,即尊重各国主权和领土完整、互不侵犯、互不干涉内政、和平共处、平等互利。

坚持开放合作。"一带一路"相关的国家基于但不限于古代丝绸之路的范围,各国和国际、地区组织均可参与,让共建成果惠及更广泛的区域。

坚持和谐包容。倡导文明宽容,尊重各国发展道路和模式的选择,加强不同文明之间的对话,求同存异、兼容并蓄、和平共处、共生共荣。

坚持市场运作。遵循市场规律和国际通行规则,充分发挥市场在资源配置中的决定性作用和各类企业的主体作用,同时发挥好政府的作用。

坚持互利共赢。兼顾各方利益和关切,寻求利益契合点和合作最大公约数,体现各方智慧和创意,各施所长,各尽所能,把各方优势和潜力充分发挥出来。

三、框架思路

"一带一路"是促进共同发展、实现共同繁荣的合作共赢之路,是增进理解信任、加强全方位交流的和平友谊之路。中国政府倡议,秉持和平合作、开放包容、互学互鉴、互利共赢的理念,全方位推进务实合作,打造政治互信、经济融合、文化包容的利益共同体、命运共同体和责任共同体。

"一带一路"贯穿亚欧非大陆,一头是活跃的东亚经济圈,一头是发达的欧洲经济圈,中间广大腹地国家经济发展潜力巨大。丝绸之路经济带重点畅通中国经中亚、俄罗斯至欧洲(波罗的海);中国经中亚、西亚至波斯湾、地中海;中国至东南亚、南亚、印度洋。21世纪海上丝绸之路重点方向是从中国沿海港口过南海到印度洋,延伸至欧洲;从中国沿海港口过南海到南太平洋。

根据"一带一路"走向,陆上依托国际大通道,以沿线中心城市为支撑,以重点经贸产业园区为合作平台,共同打造新亚欧大陆桥、中蒙俄、中国—中亚—西亚、中国—中南半岛等国际经济合作走廊;海上以重点港口为节点,共同建设通畅安全高效的运输大通道。中巴、孟中印缅两个经济走廊与推进"一带一路"建设关联紧密,要进一步推动合作,取得更大进展。

"一带一路"建设是沿线各国开放合作的宏大经济愿景,需各国携手努力,朝着互利互惠、共同安全的目标相向而行。努力实现区域基础设施更加完善,安全高效的陆海空通道网络基本形成,互联互通达到新水平;投资贸易便利化水平进一步提升,高标准自由贸易区网络基本形成,经济联系更加紧密,政治互信更加深入;人文交流更加广泛深入,不同文明互鉴共荣,各国人民相知相交、和平友好。

四、合作重点

沿线各国资源禀赋各异,经济互补性较强,彼此合作潜力和空间很大。以政策沟通、设施联通、贸易畅通、资金融通、民心相通为主要内容，重点在以下方面加强合作。

政策沟通。加强政策沟通是"一带一路"建设的重要保障。加强政府间合作，积极构建多层次政府间宏观政策沟通交流机制，深化利益融合，促进政治互信，达成合作新共识。沿线各国可以就经济发展战略和对策进行充分交流对接，共同制定推进区域合作的规划和措施，协商解决合作中的问题，共同为务实合作及大型项目实施提供政策支持。

设施联通。基础设施互联互通是"一带一路"建设的优先领域。在尊重相关国家主权和安全关切的基础上，沿线国家宜加强基础设施建设规划、技术标准体系的对接，共同推进国际骨干通道建设，逐步形成连接亚洲各次区域以及亚欧非之间的基础设施网络。强化基础设施绿色低碳化建设和运营管理，在建设中充分考虑气候变化影响。

抓住交通基础设施的关键通道、关键节点和重点工程，优先打通缺失路段，畅通瓶颈路段，配套完善道路安全防护设施和交通管理设施设备，提升道路通达水平。推进建立统一的全程运输协调机制，促进国际通关、换装、多式联运有机衔接，逐步形成兼容规范的运输规则，实现国际运输便利化。推动口岸基础设施建设，畅通陆水联运通道，推进港口合作建设，增加海上航线和班次，加强海上物流信息化合作。拓展建立民航全面合作的平台和机制，加快提升航空基础设施水平。

加强能源基础设施互联互通合作，共同维护输油、输气管道等运输通道安全，推进跨境电力与输电通道建设，积极开展区域电网升级改造合作。

共同推进跨境光缆等通信干线网络建设，提高国际通信互联互通水平，畅通信息丝绸之路。加快推进双边跨境光缆等建设，规划建设洲际海底光缆项目，完善空中（卫星）信息通道，扩大信息交流与合作。

贸易畅通。投资贸易合作是"一带一路"建设的重点内容。

宜着力研究解决投资贸易便利化问题，消除投资和贸易壁垒，构建区域内和各国良好的营商环境，积极同沿线国家和地区共同商建自由贸易区，激发释放合作潜力，做大做好合作"蛋糕"。

沿线国家宜加强信息互换、监管互认、执法互助的海关合作，以及检验检疫、认证认可、标准计量、统计信息等方面的双多边合作，推动世界贸易组织《贸易便利化协定》生效和实施。改善边境口岸通关设施条件，加快边境口岸"单一窗口"建设，降低通关成本，提升通关能力。加强供应链安全与便利化合作，推进跨境监管程序协调，推动检验检疫证书国际互联网核查，开展"经认证的经营者"（AEO）互认。降低非关税壁垒，共同提高技术性贸易措施透明度，提高贸易自由化便利化水平。

拓宽贸易领域，优化贸易结构，挖掘贸易新增长点，促进贸易平衡。创新贸易方式，发展跨境电子商务等新的商业业态。建立健全服务贸易促进体系，巩固和扩大传统贸易，大力发展现代服务贸易。把投资和贸易有机结合起来，以投资带动贸易发展。

加快投资便利化进程，消除投资壁垒。加强双边投资保护协定、避免双重征税协定磋商，保护投资者的合法权益。

拓展相互投资领域，开展农林牧渔业、农机及农产品生产加工等领域深度合作，积极推进海水养殖、远洋渔业、水产品加工、海水淡化、海洋生物制药、海洋工程技术、环保产业和海上旅游等领域合作。加大煤炭、油气、金属矿产等传统能源资源勘探开发合作，积极推动水电、核电、风电、太阳能等清洁、可再生能源合作，推进能源资源就地就近加工转化合作，形成能源资源合作上下游一体化产业链。加强能源资源深加工技术、装备与工程服务合作。

推动新兴产业合作，按照优势互补、互利共赢的原则，促进沿线国家加强在新一代信息技术、生物、新能源、新材料等新兴产业领域的深入合作，推动建立创业投资合作机制。

优化产业链分工布局，推动上下游产业链和关联产业协同发展，鼓励建立研发、生产和营销体系，提升区域产业配套能力和综合竞争力。扩大服务业相互开放，推动区域服务业加快发展。探索投资合作新模式，鼓励合作建设境外经贸合作区、跨境经济合作区等各类产业园区，促进产业集群发展。在投资贸易中突出生态文明理念，加强生态环境、生物多样性和应对气候变化合作，共建绿色丝绸之路。

中国欢迎各国企业来华投资。鼓励本国企业参与沿线国家基础设施建设和产业投资。促进企业按属地化原则经营管理，积极帮助当地发展经济、增加就业、改善民生，主动承担社会责任，严格保护生物多样性和生态环境。

资金融通。资金融通是"一带一路"建设的重要支撑。深化金融合作，推进亚洲货币稳定体系、投融资体系和信用体系建设。扩大沿线国家双边本币互换、结算的范围和规模。推动亚洲债券市场的开放和发展。共同推进亚洲基础设施投资银行、金砖国家开发银行筹建，有关各方就建立上海合作组织融资机构开展磋商。加快丝路基金组建运营。深化中国—东盟银行联合体、上合组织银行联合体务实合作，以银团贷款、银行授信等方式开展多边金融合作。支持沿线国家政府和信用等级较高的企业以及金融机构在中国境内发行人民币债券。符合条件的中国境内金融机构和企业可以在境外发行人民币债券和外币债券，鼓励在沿线国家使用所筹资金。

加强金融监管合作，推动签署双边监管合作谅解备忘录，逐步在区域内建立高效监管协调机制。完善风险应对和危机处置制度安排，构建区域性金融风险预警系统，形成应对跨境风险和危机处置的交流合作机制。加强征信管理部门、征信机构和评级机构之间的跨境交流与合作。充分发挥丝路基金以及各国主权基金作用，引导商业性股权投资基金和社会资金共同参与"一带一路"重点项目建设。

民心相通。民心相通是"一带一路"建设的社会根基。传承和弘扬丝绸之路友好合作精神，广泛开展文化交流、学术往来、人才交流合作、媒体合作、青年和妇女交往、志愿者服务等，为深化双多边合作奠定坚实的民意基础。

扩大相互间留学生规模，开展合作办学，中国每年向沿线国家提供 1 万个政府奖学金名额。沿线国家间互办文化年、艺术节、电影节、电视周和图书展等活动，合作开展广播影视剧精品创作及翻译，联合申请世界文化遗产，共同开展世界遗产的联合保护工作。深化沿线国家间人才交流合作。

加强旅游合作，扩大旅游规模，互办旅游推广周、宣传月等活动，联合打造具有丝绸之路特色的国际精品旅游线路和旅游产品，提高沿线各国游客签证便利化水平。推动 21 世纪海上丝绸之路邮轮旅游合作。积极开展体育交流活动，支持沿线国家申办重大国际体育赛事。

强化与周边国家在传染病疫情信息沟通、防治技术交流、专业人才培养等方面的合作，提高合作处理突发公共卫生事件的能力。为有关国家提供医疗援助和应急医疗救助，在妇幼健康、残疾人康复以及艾滋病、结核、疟疾等主要传染病领域开展务实合作，扩大在传统医药领域的合作。

加强科技合作，共建联合实验室（研究中心）、国际技术转移中心、海上合作中心，促进科技人员交流，合作开展重大科技攻关，共同提升科技创新能力。

整合现有资源，积极开拓和推进与沿线国家在青年就业、创业培训、职业技能开发、社会保障管理服务、公共行政管理等共同关心领域的务实合作。

充分发挥政党、议会交往的桥梁作用，加强沿线国家之间立法机构、主要党派和政治组织的友好往来。开展城市交流合作，欢迎沿线国家重要城市之间互结友好城市，以人文交流为重点，突出务实合作，形成更多鲜活的合作范例。欢迎沿线国家智库之间开展联合研究、合作举办论坛等。

加强沿线国家民间组织的交流合作，重点面向基层民众，广泛开展教育医疗、减贫开发、生物多样性和生态环保等各类公益慈善活动，促进沿线贫困地区生产生活条件改善。加强文化传媒的国际交流合作,积极利用网络平台,运用新媒体工具,塑造和谐友好的文化生态和舆论环境。

五、合作机制

当前,世界经济融合加速发展,区域合作方兴未艾。积极利用现有双多边合作机制,推动"一带一路"建设,促进区域合作蓬勃发展。

加强双边合作,开展多层次、多渠道沟通磋商,推动双边关系全面发展。推动签署合作备忘录或合作规划,建设一批双边合作示范。建立完善双边联合工作机制,研究推进"一带一路"建设的实施方案、行动路线图。充分发挥现有联委会、混委会、协委会、指导委员会、管理委员会等双边机制作用,协调推动合作项目实施。

强化多边合作机制作用,发挥上海合作组织(SCO)、中国—东盟"10+1"、亚太经合组织(APEC)、亚欧会议(ASEM)、亚洲合作对话(ACD)、亚信会议(CICA)、中阿合作论坛、中国—海合会战略对话、大湄公河次区域(GMS)经济合作、中亚区域经济合作(CAREC)等现有多边合作机制作用,相关国家加强沟通,让更多国家和地区参与"一带一路"建设。

继续发挥沿线各国区域、次区域相关国际论坛、展会以及博鳌亚洲论坛、中国—东盟博览会、中国—亚欧博览会、欧亚经济论坛、中国国际投资贸易洽谈会,以及中国—南亚博览会、中国—阿拉伯博览会、中国西部国际博览会、中国—俄罗斯博览会、前海合作论坛等平台的建设性作用。支持沿线国家地方、民间挖掘"一带一路"历史文化遗产,联合举办专项投资、贸易、文化交流活动,办好丝绸之路(敦煌)国际文化博览会、丝绸之路国际电影节和图书展。倡议建立"一带一路"国际高峰论坛。

六、中国各地方开放态势

推进"一带一路"建设,中国将充分发挥国内各地区比较优势,实行更加积极主动的开放战略,加强东中西互动合作,全面提升开放型经济水平。

西北、东北地区。发挥新疆独特的区位优势和向西开放重要窗口作用,深化与中亚、南亚、西亚等国家交流合作,形成丝绸之路经济带上重要的交通枢纽、商贸物流和文化科教中心,打造丝绸之路经济带核心区。发挥陕西、甘肃综合经济文化和宁夏、青海民族人文优势,打造西安内陆型改革开放新高地,加快兰州、西宁开发开放,推进宁夏内陆开放型经济试验区建设,形成面向中亚、南亚、西亚国家的通道、商贸物流枢纽、重要产业和人文交流基地。发挥内蒙古联通俄蒙的区位优势,完善黑龙江对俄铁路通道和区域铁路网,以及黑龙江、吉林、辽宁与俄远东地区陆海联运合作,推进构建北京—莫斯科欧亚高速运输走廊,建设向北开放的重要窗口。

西南地区。发挥广西与东盟国家陆海相邻的独特优势,加快北部湾经济区和珠江—西江经济带开放发展,构建面向东盟区域的国际通道,打造西南、中南地区开放发展新的战略支点,形成 21 世纪海上丝绸之路与丝绸之路经济带有机衔接的重要门户。发挥云南区位优势,推进与周边国家的国际运输通道建设,打造大湄公河次区域经济合作新高地,建设成为面向南亚、东南亚的辐射中心。推进西藏与尼泊尔等国家边境贸易和旅游文化合作。

沿海和港澳台地区。利用长三角、珠三角、海峡西岸、环渤海等经济区开放程度高、经济实力强、辐射带动作用大的优势,加快推进中国(上海)自由贸易试验区建设,支持福建建设 21 世纪海上丝绸之路核心区。充分发挥深圳前海、广州南沙、珠海横琴、福建平潭等开放合作区作用,深化与港澳台合作,打造粤港澳大湾区。推进浙江海洋经济发展示范区、福建海峡蓝色经济试验区和舟山群岛新区建设,加大海南国际旅游岛开发开放力度。加强上海、天津、宁波—舟山、广州、深圳、湛江、汕头、青岛、烟台、大连、福州、厦门、泉州、海口、三亚等沿海城市港口建设,强化上海、广州等国际枢纽机场功能。以扩大开放倒逼深层次改革,创新开放型经济体制机制,加大科技创新力度,形成参与和引领国际合作竞争新优势,成为"一带一路"特别是 21 世纪海上丝绸之路建设的排头兵和主力军。发挥海外侨胞以及香港、澳门特别行政区独特优势作用,积极参与和助力"一带一路"建设。为台湾地区参与"一带一路"建设做出妥善安排。

内陆地区。利用内陆纵深广阔、人力资源丰富、产业基础较好优势,依托长江中游城市群、成渝城市群、中原城市群、呼包鄂榆城市群、哈长城市群等重点区域,推动区域互动合作和产业集聚发展,打造重庆西部开发开放重要支撑和成都、郑州、武汉、长沙、南昌、合肥等内陆开放型经济高地。加快推动长江中上游地区和俄罗斯伏尔加河沿岸联邦区的合作。建立中欧通道铁路运输、口岸通关协调机制,打造"中欧班列"品牌,建设沟通境内外、连接东中西的运输通道。支持郑州、西安等内陆城市建设航空港、国际陆港,加强内陆口岸与沿海、沿边口岸通关合作,开展跨境贸易电子商务服务试点。优化海关特殊监管区域布局,创新加工贸易模式,深化与沿线国家的产业合作。

七、中国积极行动

一年多来,中国政府积极推动"一带一路"建设,加强与沿线国家的沟通磋商,推动与沿线国家的务实合作,实施了一系列政策措施,努力收获早期成果。

高层引领推动。习近平主席、李克强总理等国家领导人先后出访 20 多个国家,出席加强互联互通伙伴关系对话会、中阿合作论坛第六届部长级会议,就双边关系和地区发展问题,多次与有关国家元首和政府首脑进行会晤,深入阐释"一带一路"的深刻内涵和积极意义,就共建"一带一路"达成广泛共识。

签署合作框架。与部分国家签署了共建"一带一路"合作备忘录,与一些毗邻国家签署了地区合作和边境合作的备忘录以及经贸合作中长期发展规划。研究编制与一些毗邻国家的地区合作规划纲要。

推动项目建设。加强与沿线有关国家的沟通磋商,在基础设施互联互通、产业投资、资源开发、经贸合作、金融合作、人文交流、生态保护、海上合作等领域,推进了一批条件成熟的重点合作项目。

完善政策措施。中国政府统筹国内各种资源,强化政策支持。推动亚洲基础设施投资银行筹建,发起设立丝路基金,强化中国—欧亚经济合作基金投资功能。推动银行卡清算机构开展跨境清算业务和支付机构开展跨境支付业务。积极推进投资贸易便利化,推进区域通关一体化改革。

发挥平台作用。各地成功举办了一系列以"一带一路"为主题的国际峰会、论坛、研讨会、博览会,对增进理解、凝聚共识、深化合作发挥了重要作用。

八、共创美好未来

共建"一带一路"是中国的倡议,也是中国与沿线国家的共同愿望。站在新的起点上,中国愿与沿线国家一道,以共建"一带一路"为契机,平等协商,兼顾各方利益,反映各方诉求,携手推动更大范围、更高水平、更深层次的大开放、大交流、大融合。"一带一路"建设是开放的、包容的,欢迎世界各国和国际、地区组织积极参与。

共建"一带一路"的途径是以目标协调、政策沟通为主,不刻意追求一致性,可高度灵活,富有弹性,是多元开放的合作进程。中国愿与沿线国家一道,不断充实完善"一带一路"的合作内容和方式,共同制定时间表、路线图,积极对接沿线国家发展和区域合作规划。

中国愿与沿线国家一道,在既有双多边和区域次区域合作机制框架下,通过合作研究、论坛展会、人员培训、交流访问等多种形式,促进沿线国家对共建"一带一路"内涵、目标、任务等方面的进一步理解和认同。

中国愿与沿线国家一道,稳步推进示范项目建设,共同确定一批能够照顾双多边利益的项目,对各方认可、条件成熟的项目抓紧启动实施,争取早日开花结果。

　　"一带一路"是一条互尊互信之路,一条合作共赢之路,一条文明互鉴之路。只要沿线各国和衷共济、相向而行,就一定能够谱写建设丝绸之路经济带和 21 世纪海上丝绸之路的新篇章,让沿线各国人民共享"一带一路"共建成果。

附录 3

国务院关于促进云计算创新发展
培育信息产业新业态的意见

国发〔2015〕5 号

各省、自治区、直辖市人民政府，国务院各部委、各直属机构：

云计算是推动信息技术能力实现按需供给、促进信息技术和数据资源充分利用的全新业态，是信息化发展的重大变革和必然趋势。发展云计算，有利于分享信息知识和创新资源，降低全社会创业成本，培育形成新产业和新消费热点，对稳增长、调结构、惠民生和建设创新型国家具有重要意义。当前，全球云计算处于发展初期，我国面临难得的机遇，但也存在服务能力较薄弱、核心技术差距较大、信息资源开放共享不够、信息安全挑战突出等问题，重建设轻应用、数据中心无序发展苗头初步显现。为促进我国云计算创新发展，积极培育信息产业新业态，现提出以下意见。

一、指导思想、基本原则和发展目标

（一）指导思想。

适应推进新型工业化、信息化、城镇化、农业现代化和国家治理能力现代化的需要，以全面深化改革为动力，以提升能力、深化应用为主线，完善发展环境，培育骨干企业，创新服务模式，扩展应用领域，强化技术支撑，保障信息安全，优化设施布局，促进云计算创新发展，培育信息产业新业态，使信息资源得到高效利用，为促进创业兴业、释放创新活力提供有力支持，为经济社会持续健康发展注入新的动力。

（二）基本原则。

市场主导。发挥市场在资源配置中的决定性作用，完善市场准入制度，减少行政干预，鼓励企业根据市场需求丰富服务种类，提升服务能力，对接应用市场。建立公平开放透明的市场规则，完善监管政策，维护良好市场秩序。

统筹协调。以需求为牵引，加强分类指导，推进重点领域的应用、服务和产品协同发展。引导地方根据实际需求合理确定云计算发展定位，避免政府资金盲目投资建设数据中心和相关园区。加强信息技术资源整合，避免行业信息化系统成为信息孤岛。优化云计算基础设施布局，促进区域协调发展。

创新驱动。以企业为主体，加强产学研用合作，强化云计算关键技术和服务模式创新，提升自主创新能力。积极探索加强国际合作，推动云计算开放式创新和国际化发展。加强管理创新，鼓励新业态发展。

保障安全。在现有信息安全保障体系基础上，结合云计算特点完善相关信息安全制度，强化安全管理和数据隐私保护，增强安全技术支撑和服务能力，建立健全安全防护体系，切实保障云计算信息安全。充分运用云计算的大数据处理能力，带动相关安全技术和服务发展。

（三）发展目标。

到 2017 年，云计算在重点领域的应用得到深化，产业链条基本健全，初步形成安全保障有力，服务创新、技术创新和管理创新协同推进的云计算发展格局，带动相关产业快速发展。

服务能力大幅提升。形成若干具有较强创新能力的公共云计算骨干服务企业。面向中小微企业和个人的云计算服务种类丰富，实现规模化运营。云计算系统集成能力显著提升。

创新能力明显增强。增强原始创新和基础创新能力，突破云计算平台软件、艾字节（EB，约为 2^{60} 字节）级云存储系统、大数据挖掘分析等一批关键技术与产品，云计算技术接近国际先进水平，云计算标准体系基本建立。服务创新对技术创新的带动作用显著增强,产学研用协同发展水平大幅提高。

应用示范成效显著。在社会效益明显、产业带动性强、示范作用突出的若干重点领域推动公共数据开放、信息技术资源整合和政府采购服务改革,充分利用公共云计算服务资源开展百项云计算和大数据应用示范工程,在降低创业门槛、服务民生、培育新业态、探索电子政务建设新模式等方面取得积极成效,政府自建数据中心数量减少5%以上。

基础设施不断优化。云计算数据中心区域布局初步优化,新建大型云计算数据中心能源利用效率(PUE)值优于1.5。宽带发展政策环境逐步完善,初步建成满足云计算发展需求的宽带网络基础设施。

安全保障基本健全。初步建立适应云计算发展需求的信息安全监管制度和标准规范体系,云计算安全关键技术产品的产业化水平和网络安全防护能力明显提升,云计算发展环境更加安全可靠。

到2020年,云计算应用基本普及,云计算服务能力达到国际先进水平,掌握云计算关键技术,形成若干具有较强国际竞争力的云计算骨干企业。云计算信息安全监管体系和法规体系健全。大数据挖掘分析能力显著提升。云计算成为我国信息化重要形态和建设网络强国的重要支撑,推动经济社会各领域信息化水平大幅提高。

二、主要任务

(一)增强云计算服务能力。

大力发展公共云计算服务,实施云计算工程,支持信息技术企业加快向云计算产品和服务提供商转型。大力发展计算、存储资源租用和应用软件开发部署平台服务,以及企业经营管理、研发设计等在线应用服务,降低企业信息化门槛和创新成本,支持中小微企业发展和创业活动。积极发展基于云计算的个人信息存储、在线工具、学习娱乐等服务,培育信息消费。发展安全可信的云计算外包服务,推动政府业务外包。支持云计算与物联网、移动互联网、互联网金融、电子商务等技术和服务的融合发展与创新应用,积极培育新业态、新模式。鼓励大企业开放平台资源,打造协作共赢的云计算服务生态环境。引导专有云有序发展,鼓励企业创新信息化建设思路,在充分利用公共云计算服务资源的基础上,立足自身需求,利用安全可靠的专有云解决方案,整合信息资源,优化业务流程,提升经营管理水平。大力发展面向云计算的信息系统规划咨询、方案设计、系统集成和测试评估等服务。

(二)提升云计算自主创新能力。

加强云计算相关基础研究、应用研究、技术研发、市场培育和产业政策的紧密衔接与统筹协调。发挥企业创新主体作用,以服务创新带动技术创新,增强原始创新能力,着力突破云计算平台大规模资源管理与调度、运行监控与安全保障、艾字节级数据存储与处理、大数据挖掘分析等关键技术,提高相关软硬件产品研发及产业化水平。加强核心电子器件、高端通用芯片及基础软件产品等科技专项成果与云计算产业需求对接,积极推动安全可靠的云计算产品和解决方案在各领域的应用。充分整合利用国内外创新资源,加强云计算相关技术研发实验室、工程中心和企业技术中心建设。建立产业创新联盟,发挥骨干企业的引领作用,培育一批特色鲜明的创新型中小企业,健全产业生态系统。完善云计算公共支撑体系,加强知识产权保护利用、标准制定和相关评估测评等工作,促进协同创新。

(三)探索电子政务云计算发展新模式。

鼓励应用云计算技术整合改造现有电子政务信息系统,实现各领域政务信息系统整体部署和共建共用,大幅减少政府自建数据中心的数量。新建电子政务系统须经严格论证并按程序进行审批。政府部门要加大采购云计算服务的力度,积极开展试点示范,探索基于云计算的政务信息化建设运行新机制,推动政务信息资源共享和业务协同,促进简政放权,加强事中事后监管,为云计算创造更大市场空间,带动云计算产业快速发展。

（四）加强大数据开发与利用。

充分发挥云计算对数据资源的集聚作用，实现数据资源的融合共享，推动大数据挖掘、分析、应用和服务。开展公共数据开放利用改革试点，出台政府机构数据开放管理规定，在保障信息安全和个人隐私的前提下，积极探索地理、人口、知识产权及其他有关管理机构数据资源向社会开放，推动政府部门间数据共享，提升社会管理和公共服务能力。重点在公共安全、疾病防治、灾害预防、就业和社会保障、交通物流、教育科研、电子商务等领域，开展基于云计算的大数据应用示范，支持政府机构和企业创新大数据服务模式。充分发挥云计算、大数据在智慧城市建设中的服务支撑作用，加强推广应用，挖掘市场潜力，服务城市经济社会发展。

（五）统筹布局云计算基础设施。

加强全国数据中心建设的统筹规划，引导大型云计算数据中心优先在能源充足、气候适宜、自然灾害较少的地区部署，以实时应用为主的中小型数据中心在靠近用户所在地、电力保障稳定的地区灵活部署。地方政府和有关企业要合理确定云计算发展定位，杜绝盲目建设数据中心和相关园区。加快推进实施"宽带中国"战略，结合云计算发展布局优化网络结构，加快网络基础设施建设升级，优化互联网网间互联架构，提升互联互通质量，降低带宽租费水平。支持采用可再生能源和节能减排技术建设绿色云计算中心。

（六）提升安全保障能力。

研究完善云计算和大数据环境下个人和企业信息保护、网络信息安全相关法规与制度，制定信息收集、存储、转移、删除、跨境流动等管理规则，加快信息安全立法进程。加强云计算服务网络安全防护管理，加大云计算服务安全评估力度，建立完善党政机关云计算服务安全管理制度。落实国家信息安全等级保护制度，开展定级备案和测评等工作。完善云计算安全态势感知、安全事件预警预防及应急处置机制，加强对党政机关和金融、交通、能源等重要信息系统的安全评估和监测。支持云计算安全软硬件技术产品的研发生产、试点示范和推广应用,加快云计算安全专业化服务队伍建设。

三、保障措施

(一)完善市场环境。

修订电信业务分类目录,完善云计算服务市场准入制度,支持符合条件的云计算服务企业申请相关业务经营资质。研究支持大规模云计算服务的网络政策。支持第三方机构开展云计算服务质量、可信度和网络安全等评估测评工作。引导云计算服务企业加强内部管理,提升服务质量和诚信水平,逐步建立云计算信任体系。加强互联网骨干网互联互通监管和技术支撑手段建设,调整网间互联结算政策,保障网间互联高效畅通。对符合布局原则和能耗标准的云计算数据中心,支持其参加直供电试点,满足大工业用电条件的可执行大工业电价,并在网络、市政配套等方面给予保障,优先安排用地。引导国有企业运用云计算技术提升经营管理水平,推广应用安全可靠的云计算产品和解决方案。

(二)建立健全相关法规制度。

落实《全国人民代表大会常务委员会关于加强网络信息保护的决定》和《中华人民共和国政府信息公开条例》,完善互联网信息服务管理办法,加快制定信息网络安全、个人信息保护等法律法规,出台政府和重要行业采购使用云计算服务相关规定,明确相关管理部门和云计算服务企业的安全管理责任,规范云计算服务商与用户的责权利关系。

(三)加大财税政策扶持力度。

按照深化中央财政科技计划(专项、基金等)管理改革的要求,充分发挥国家科技计划、科技重大专项的作用,采取无偿资助、后补助等多种方式加大政府资金支持力度,引导社会投资,支持云计算关键技术研发及产业化。支持实施云计算工程,继续推进云计算服务创新试点示范工作,及时总结推广试点经验。创新政府信息系统建设和运营经费管理方式,完善政府采购云计算服务的配套政策,发展基于云计算的政府信息技术服务外包业务。将云计算企业纳入软件企业、国家规划布局内重点软件企业、高新技术企业和技术先进型服务企业的认定范畴,符合条件的按规定享受相关税收优惠政策。

(四)完善投融资政策。

引导设立一批云计算创业投资基金。加快建立包括财政出资和社会资金投入在内的多层次担保体系,加大对云计算企业的融资担保支持力度。推动金融机构对技术先进、带动支撑作用强的重大云计算项目给予信贷支持。积极支持符合条件的云计算企业在资本市场直接融资。

(五)建立健全标准规范体系。

按照"急用先行、成熟先上、重点突破"原则,加快推进云计算标准体系建设,制定云计算服务质量、安全、计量、互操作、应用迁移,云计算数据中心建设与评估,以及虚拟化、数据存储和管理、弹性计算、平台接口等方面标准,研究制定基于云计算平台的业务和数据安全、涉密信息系统保密技术防护和管理、违法信息技术管控等标准。

(六)加强人才队伍建设。

鼓励普通高校、职业院校、科研院所与企业联合培养云计算相关人才,加强学校教育与产业发展的有效衔接,为云计算发展提供高水平智力支持。完善激励机制,造就一批云计算领军人才和技术带头人。充分利用现有人才引进计划,引进国际云计算领域高端人才。对作出突出贡献的云计算人才,可按国家有关规定给予表彰奖励,在职称评定、落户政策等方面予以优先安排。支持企业和教育机构开展云计算应用人才培训。

(七)积极开展国际合作。

支持云计算企业通过海外并购、联合经营、在境外部署云计算数据中心和设立研发机构等方式,积极开拓国际市场,促进基于云计算的服务贸易发展。加强国内外企业的研发合作，引导外商按有关规定投资我国云计算相关产业。鼓励国内企业和行业组织参与制定云计算国际标准。

  各地区、各部门要高度重视云计算发展工作，按照本意见提出的要求和任务，认真抓好贯彻落实，出台配套政策措施，突出抓手，重点突破，着力加强政府云计算应用的统筹推进等工作。国务院有关部门要加强协调配合，建立完善工作机制，做好与国家网络安全和信息化发展战略及相关政策的衔接，加强组织实施，形成推进合力。发展改革委、工业和信息化部、科技部、财政部、网信办要会同有关部门，加强对云计算发展的跟踪分析，推动各项任务分工的细化落实。

国务院

2015 年 1 月 6 日

参考文献

[1]刘宝红.采购与供应链管理[M].北京:机械工业出版社,2015

[2]马士华,林勇.供应链管理[M].北京:机械工业出版社,2014

[3]李遵义,洪卫东等.精细化管理 低成本运营:案例解析大型企业采购供应链管理[M].北京:中国经济出版社,2014

[4]冯耕中.物流与供应链管理[M].北京:中国人民大学出版社,2014

[5]傅仕伟,李湘琳.供应链管理系统实验教程[M].北京:清华大学出版社,2014

[6]马士华.供应链管理[M].武汉:华中科技大学出版社,2013

[7]顾穗珊.物流与供应链管理[M].北京:机械工业出版社,2013

[8]商金红.供应链管理总监[M].北京:中国财富出版社,2012

[9]杨红娟.低碳供应链管理[M].北京:科学出版社,2011

[10]鲍新中.供应链成本:改善供应链管理的新视角[M].北京:人民交通出版社,2010

[11]方景芳.现代物流系统分析与设计[M].北京:机械工业出版社,2009

[12]张志勇,徐广姝,张耀荔.物流系统运作管理[M].北京:清华大学出版社,2009

[13]何明珂.物流系统论[M].北京:中国审计出版社,2001

[14]齐二石.物流工程[M].天津:天津大学出版社,2001

[15]李云清.物流系统规划[M].上海:同济大学出版社,2004

[16]薛明德.物流系统规划与设计[M].北京:企业管理出版社,2004

[17]颜佑启.物流系统规划[M].长沙:湖南大学出版社,2004

[18]方仲民.物流系统规划与设计[M].北京:机械工业出版社,2003

[19]泰明森.物流作业优化方法[M].北京:中国物资出版社,2003

[20]泰明森,言木.物流决策分析技术[M].北京:中国物资出版社,2003

[21]丁立言,张铎.物流系统工程[M].北京:清华大学出版社,2000

[22]陈秋双等.现代物流系统概论[M].北京:中国水利水电出版社,2005

[23]李云清.物流系统规划[M].上海:同济大学出版社,2004

[24]梁军,赵勇.系统工程导论[M].北京:化学工业出版社,2005

[25]龙江,朱海燕.城市物流系统规划与建设[M].北京:中国物资出版社,2004

[26]方仲民.物流系统规划与设计[M].北京:机械工业出版社,2003

[27]齐欢,王小平.系统建模与仿真[M].北京:清华大学出版社,2004

[28]隽志才,孙宝凤.物流系统仿真[M].北京:电子工业出版社,2007

[29]张晓萍,石伟,刘玉坤.物流系统仿真[M].北京:清华大

学出版社,2008

[30]戴维·泰勒著;胡克,程亮译.全球物流与供应链管理案例[M].北京:中信出版社,2003

[31]周云.采购成本控制与供应商管理(第2版)[M].北京:机械工业出版社,2014

[32]李荷华.采购管理实务(第2版)[M].上海:上海财经大学出版社,2014

[33]刘宝红.采购与供应链管理:一个实践者的角度[M].北京:机械工业出版社,2013

[34]吴承建,胡军.绿色采购管理[M].北京:中国物资出版社,2011

[35]李恒星,鲍钰.采购管理[M].北京:北京理工大学出版社,2011

[36]徐杰,卞文良等.采购管理:研究与应用的视角[M].北京:电子工业出版社,2010

[37]姜巧萍,梁华.采购与供应管理咨询工具箱[M].北京:人民邮电出版社,2010

[38]威克俭,赵子渌,韦卫华.实用采购与供应链管理[M].北京:中国人民大学出版社,2010

[39]龚国华.采购与供应链[M].上海:复旦大学出版社,2011

[40]计国君,蔡远游.采购管理[M].厦门:厦门大学出版社,2012

[41]伍蓓.采购与供应链管理[M].北京:中国物资出版社,2011

[42]李荷华.现代采购与供应管理[M].上海:上海财经大学出版社,2010

[43]彭扬,王珊珊.采购与法律实务[M].北京:中国物资出版社,2009

[44]梁军,王刚.采购管理[M].北京:电子工业出版社,2010

[45]刘昌祺.物流配送中心设计[M].北京:机械工业出版社,2002

[46]周艳军.供应链管理[M].上海:上海财经大学出版社,2004

[47]郝渊晓,张鸿等.采购物流学[M].广州:中山大学出版社,2007

[48]徐杰,鞠颂东.采购管理[M].北京:机械工业出版社,2009

[49]魏国辰,温卫娟,张莹.供应链管理与企业采购[M].北京:中国发展出版社,2009

[50]徐剑,周晓晔,李桂华.供应链与物流管理[M].北京:国防工业出版社,2009

[51]董千里.采购管理[M].重庆:重庆大学出版社,2008

[52]蔡改成.采购管理实务[M].北京:人民交通出版社,2008

[53]朱新民.物流采购管理[M].北京:机械工业出版社,2004

[54]霍红.采购与供应管理[M].北京:中国物资出版社,2005

[55]刘斌.采购与供应管理[M].北京:高等教育出版社,2005

[56]赵艳俐.采购与供应管理实务[M].北京:人民交通出版社,2009

[57]魏国辰.采购实际操作技巧[M].北京:中国物资出版社,2007

[58]李述容.采购与供应管理实务[M].武汉:武汉理工大学出版社,2007

[59]王槐林.采购管理与库存控制[M].北京:中国物资出版社,2008

[60]唐纳德·J·鲍尔索克斯著;林国龙等译.物流管理:供

应链过程的一体化[M].北京:机械工业出版社,2001

[61]乔治·斯坦纳.战略规划[M].北京:华夏出版社,2001

[62]欧文·拉兹洛著;李创同译.系统、结构和经验[M].上海:上海译文出版社,1987

[63]商红岩,宁宣熙.第三方物流企业绩效评价研究[J].中国储运,2005(2)

[64]周金宏,汪定伟.分布式多工厂、多分销商的供应链生产计划模型[J].信息与控制,2001(30)

[65]马歇尔·L.费舍尔.什么是适合于你的产品的供应链?[J].哈佛商业评论,1997(3)

[66]焦叔斌.标高超越——绩效改进的有力武器[J].中国标准化,2000(9)

[67]楼爱花,王丽萍,蔡建湖.基于梯形模糊网络的供应链物流能力评价模型——以浙江省制造业为例[J].经济论坛,2010(12)

[68]石永强,宋薛峰,张智勇.电子商务环境下供应链物流能力的评价[J].企业经济,2009(4)

[69]李纲,杜智涛,郑重.汽车业供应链物流能力中的IT价值体现及应用[J].情报杂志,2009(1)